# LA
# RUSSIE SECTAIRE

## (SECTES RELIGIEUSES)

PAR

## N. TSAKNI

PARIS

LIBRAIRIE PLON

E. PLON, NOURRIT et Cⁱᵉ, IMPRIMEURS-ÉDITEURS
RUE GARANCIÈRE, 10

LA

# RUSSIE SECTAIRE

## (SECTES RELIGIEUSES EN RUSSIE)

PARIS. TYPOGRAPHIE DE E. PLON, NOURRIT ET Cie, RUE GARANCIÈRE, 8.

# LA
# RUSSIE SECTAIRE

## (SECTES RELIGIEUSES EN RUSSIE)

PAR

## N. TSAKNI

## PARIS

LIBRAIRIE PLON

E. PLON, NOURRIT et C<sup>ie</sup>, IMPRIMEURS-ÉDITEURS

RUE GARANCIÈRE, 10

—

# SECTES RELIGIEUSES

## EN RUSSIE

---

## CHAPITRE PREMIER

### INTRODUCTION.

Les Européens qui ont étudié la Russie ne connaissent généralement que la Russie officielle, celle qui a subi l'influence de l'Europe, la Russie qu'ils rencontrent dans les salons, dans les théâtres, dans les livres et les journaux. La Russie du paysan, celle qui n'a pas été effleurée par la civilisation européenne, celle qui reste toujours derrière les coulisses, leur est presque inconnue. Elle a sa vie à part, ses mœurs, ses principes de droit et de philosophie morale, qui, par moments, se manifestent sous des formes étranges, parfois même inexplicables.

La vie morale des paysans russes n'a pas beaucoup intéressé les Européens, et cependant ces paysans forment les neuf dixièmes de la population; l'avenir de la Russie est entre leurs mains, et actuellement même, grâce à la faiblesse numérique de la minorité instruite de la société russe, les paysans exercent une influence très-marquée sur la physionomie morale et intellectuelle de cette minorité.

Pour expliquer certains phénomènes de la vie russe, qui, au premier abord, paraissent à l'Européen incompréhensibles et étranges, il est souvent nécessaire d'avoir recours à l'étude de la vie du peuple, de ses tendances religieuses, morales et sociales, et de ses aspirations économiques.

Le peuple russe n'a pas eu de révolutions politiques comme les autres peuples de l'Europe, révolutions qui leur ont donné leur physionomie actuelle. Il n'a pas encore été effleuré ni par la liberté politique, ni par les grandes industries capitalistes qui créèrent la classe puissante de la bourgeoisie; il ignore cet individualisme extrême de la société européenne, qui a son bon et son mauvais côté. On voit régner encore dans la société russe les éléments de la vie patriarcale, la prépondérance de la famille, de la commune et de l'État sur la personnalité.

Sous le joug de la vie patriarcale et communiste, la personnalité n'a pas encore atteint ce haut degré de conscience individuelle qui existe chez les nations civilisées de l'Europe. Ainsi, le sentiment profond de propriété individuelle, de famille individuelle, et même ce besoin d'un intérieur à soi, existent chez le paysan russe à un état embryonnaire, ce qui donne un cachet tout spécial à sa manière de vivre, à sa physionomie morale, à son idéal religieux et politique.

Nous nous permettrons de citer quelques exemples caractéristiques des idées des paysans russes sur le mariage, le droit, la propriété, etc. Comme d'autres peuples primitifs, le paysan russe n'a pas d'idées bien sévères au point de vue du mariage et de la liberté des mœurs. Nous apprenons dans l'histoire qu'autrefois les différents Slaves n'attachaient pas une grande importance au mariage : pendant les jeux, les réunions, les fêtes, toute liberté, toute licence étaient admises.

Dans certains endroits, ces jeux se sont conservés jusqu'à nos jours. Dans le gouvernement de Nijnii-Novgorod, par exemple, les jeunes gens et les jeunes filles se réunissent sur une montagne. Après des chants et des danses, les jeunes gens enlèvent les jeunes filles. Dans certaines de ces fêtes, après les danses, les jeunes gens et les jeunes filles s'en vont par couples et passent ensemble la nuit. Les parents voient ces rapports d'un œil indulgent.

Dans le gouvernement d'Arkhangelsk, la liberté la plus grande règne pendant ces fêtes, et cette liberté est loin d'être blâmée; au contraire, une jeune fille dont les jeunes gens n'ont pas voulu s'expose aux reproches de ses parents. La *Revue militaire* de 1863 cite un usage très-répandu en Russie : un remplaçant qui a vécu quelque temps dans la famille du conscrit qu'il remplace obtient des droits sur toutes les jeunes femmes de la famille.

Une coutume remarquable existe jusqu'à présent dans le gouvernement de Stavropol. Dans la soirée qui précède la cérémonie nuptiale, on invite tous les jeunes gens et les jeunes filles à un bal, après lequel ils se couchent tous en commun, les fiancés ensemble et les autres jeunes gens par couples.

Dans le gouvernement d'Arkhangelsk, l'innocence d'une jeune fille n'est nullement estimée; au contraire, une jeune fille qui a eu un enfant trouvera plus facilement un mari que celle qui a conservé son innocence.

D'après ces faits pris au hasard, nous voyons que les mœurs ont conservé leur caractère primitif. Le mariage reste indissoluble et sacré dans certaines localités; mais, à côté de lui, nous rencontrons la liberté la plus grande, qui n'est qu'un reste des coutumes païennes. Même là où le principe de la famille s'est solidement enraciné avec tous ses attributs, tels que la fidélité, l'indissolubilité, etc., le côté religieux et juridique manque souvent. Ainsi, chez les Cosaques du Don, le mariage consistait, il y a cinquante ans, en ce que le jeune homme annonçait devant le peuple qu'il avait choisi une femme. Les deux fiancés venaient alors devant l'assemblée, et, après avoir fait leurs prières, ils s'inclinaient de quatre côtés; le fiancé, appelant la jeune fille par son nom, lui disait : « Sois ma femme. »

La jeune fille s'inclinait devant lui jusqu'à terre, et répondait : « Sois mon mari. »

Ils se donnaient ensuite l'accolade, et recevaient les félicitations de toute l'assemblée. Cela suffisait pour légaliser le mariage.

Avec le temps, grâce aux efforts du clergé, la cérémonie religieuse est devenue obligatoire; mais les anciennes coutumes que nous avons décrites plus haut ont persisté malgré tout.

La loi russe ne reconnaît la légalité que du mariage conclu à l'église. Cependant, d'après les idées du peuple, la cérémonie religieuse n'a aucune valeur sans l'intervention du *mir* (la société).

Le mariage religieux accompli, les époux ne sont pas considérés comme mariés tant que la *noce* n'a pas été célébrée. Quelquefois ces deux cérémonies sont séparées l'une de l'autre par un espace de temps assez considérable.

Il arrive que l'église est trop éloignée du village, que le pope prend trop cher pour la cérémonie ; les paysans s'en passent alors, et ne célèbrent que la noce. Une masse de vieux croyants et de sectaires ne se marient pas à l'église, ils se contentent que leur union soit sanctifiée par l'assemblée.

Les mêmes principes que pour la sanction du mariage par l'assemblée, en dehors de l'église et de la loi écrite, existent pour le divorce. Tandis que la loi et l'église russes repoussent le divorce, considérant le mariage comme un acte sacré et indissoluble, dans beaucoup de communes paysannes, au contraire, l'assemblée accorde le divorce aux deux époux sur leur plainte mutuelle, ou sur la plainte de l'un des deux qui accuse son conjoint de cruauté, d'ivrognerie, de paresse, d'incapacité, etc.

Si l'assemblée des paysans prononce souvent le divorce quand les époux ne s'accordent pas, il arrive aussi qu'elle force les jeunes gens à contracter des mariages lorsqu'elle le trouve nécessaire au point de vue économique et moral. Les jeunes gens ne croient pas avoir le droit d'agir contrairement à la décision de l'assemblée. Comme caractéristique du rôle important que joue l'assemblée des paysans dans les questions matrimoniales, nous citons le cas curieux qui a eu lieu il y a une dizaine d'années de cela. Dans un village, les paysans trouvèrent dangereux, pour différentes raisons, d'avoir chez eux un prêtre veuf (les prêtres veufs n'ont pas le droit de se remarier une seconde fois). Ils se réunirent en assemblée, et décidèrent d'introduire dans la maison du prêtre la veuve d'un soldat qui consentait à jouer vis-à-vis de lui le rôle de maîtresse; et la décision de l'assemblée fut mise à exécution.

En prenant sur soi le devoir d'unir et de désunir les époux, l'assemblée des paysans russes se croit aussi en droit de se mêler de la vie de famille. Les époux mécontents portent plainte devant l'*obchtchina,* qui prend sur elle de punir les coupables. Le système de punition du code pénal ne joue aucun rôle dans l'application de la peine. Dans beaucoup de localités, la femme est condamnée, pour dépravation et mauvaise conduite, au déshonneur public; le mari, pour avoir maltraité sa femme, est condamné à payer une amende, etc.

L'assemblée juge les affaires concernant l'héritage, le partage de la propriété, et souvent même des cas criminels, sans se baser nullement sur le code. Ainsi elle punit pour l'ivrognerie, elle chasse de son sein les membres dangereux, et, dans certains cas même, elle prononce un véritable arrêt de mort. Le cas suivant d'exécution a eu lieu dans le gouvernement de Samara en 1872 : les paysans, s'étant réunis, ont décidé d'éloigner de la commune le paysan Andronoff pour mauvaise conduite et pour vol. Au bout d'un certain temps, il revint cependant, et, pour se venger, il se mit à voler les uns, à mettre le feu chez les autres, à menacer de tuer les troisièmes. Alors les paysans se réunirent et décidèrent d'en finir avec lui. Le soir, toute l'assemblée, le maire (starosta) en tête, cerna la maison dans laquelle se cachait le criminel, et il fut immédiatement saisi et tué sur place.

En général, cette habitude de se faire justice soi-même est très-répandue parmi les paysans, qui n'ont pas grande confiance dans les tribunaux et le code pénal. Dans les cas de défense contre les malfaiteurs et de jugement qu'ils prononcent eux-mêmes, les paysans manifestent une cruauté et une inflexibilité inouïes envers leurs criminels; mais, en revanche, ils sont très-compatissants pour les criminels condamnés par un tribunal de l'État; ils les considèrent comme de malheureuses victimes, et tâchent de leur venir en aide et de les combler d'amabilités.

Les écrivains qui ont étudié la vie du peuple russe citent toute une série de faits qui montrent la différence entre les conceptions de la morale et de la jurisprudence des paysans d'un côté, et les conceptions de la société civilisée et de la loi écrite de l'autre. La possession de la terre en commun donne un cachet tout spécial à toutes les idées sur la propriété, qui, chez le paysan, est basée sur le travail, et non pas sur le droit d'héritage.

Le point de vue du paysan sur la terre découle de son point de vue sur le travail, qu'il envisage comme la source unique de la propriété. La terre n'est pas le produit du travail de l'homme; par conséquent, il ne peut avoir sur elle aucun droit de propriété absolu et incontestable. Tant au Nord qu'au Midi, le paysan est profondément convaincu que la terre est à Dieu, et qu'elle appartient à tous ceux qui sont capables de la labourer. L'homme ne possède que ce qu'il a pu fabriquer de ses propres mains.

C'est pour cela que les paysans russes sont fermement persuadés que tôt ou tard le Tsar, qu'ils considèrent comme leur représentant, partagera la terre en parties égales parmi eux. Chacun jouira d'autant de terre qu'il pourra en cultiver; mais personne ne la considérera comme sa propriété personnelle, parce qu'elle n'appartient qu'à Dieu.

Cette conviction que la terre est à tout le monde, que tôt ou tard elle sera partagée parmi eux, s'est tellement enracinée dans le peuple russe, que souvent les paysans refusent d'en acheter aux propriétaires, même à des conditions très-favorables, parce que, disent-ils, « bientôt nous l'aurons pour rien ». Les propriétaires actuels auront aussi leur part, mais pas plus qu'ils n'en peuvent cultiver eux-mêmes. Dans le cas où ils ne voudraient pas cultiver la terre eux-mêmes, ils deviendraient employés de l'État, et seraient rétribués par le gouvernement.

Celui qui cultive la terre a donc seul le droit d'en être possesseur. La terre appartient à la collectivité, et son produit seul peut être la propriété de l'homme qui y a mis son travail. Le produit spontané de la terre, sans aucun travail humain, tout ce qui croît sur la terre, dans la forêt, dans l'eau, sans l'intervention du travail de l'homme, est la propriété de tout le monde, et chaque passant a le droit d'en jouir. Ainsi, par exemple, celui qui coupe un arbre planté est un voleur; mais celui qui coupe un arbre dans une forêt, même si cette forêt appartient à quelqu'un, ne fait que jouir des biens donnés par Dieu.

C'est pour cela que les paysans coupent continuellement le bois dans les forêts appartenant à la couronne ou bien à un propriétaire; ils trouvent que la jouissance leur en appartient tout autant qu'à n'importe qui. Aussi les punitions pour abatage de bois sont considérées par eux comme une injustice, une violence même. Il en est tout autrement pour les objets qui sont le produit du travail manuel : du foin coupé, du blé ramassé en gerbe, du gibier tué, du poisson, etc. Ces objets restent souvent sans surveillance, sans que personne ait l'idée d'y toucher; ils sont le produit du travail de l'homme, aussi sont-ils respectés.

Cependant, il y a aussi des exceptions qui prouvent que même le droit de propriété fondé sur le travail est loin d'être absolu. Ainsi, l'usage suivant existe dans certaines parties de la Russie. Si le voyageur a besoin de foin pour son cheval, il en prend tant qu'il lui en faut à la première meule venue; mais il y pose de l'argent pour payer la quantité qu'il a prise. Dans le midi de la Russie, pendant les années de disette, lorsque les paysans pauvres se trouvent dans une position malheureuse et qu'ils n'ont pas de crédit, ils empruntent eux-mêmes chez les riches sans en demander la permission au propriétaire. Plusieurs gerbes de blé qui sont restées aux champs disparaissent on ne sait comment; puis deux, trois ans plus tard, les gerbes volées reparaissent à la même place; on y ajoute deux ou trois gerbes en plus comme intérêts. Quelquefois, à la place du blé volé, on trouve une lettre qui explique que ce blé a été pris à cause de la grande misère dans laquelle on se trouvait, et qu'il sera rendu à la première récolte.

Il en est de même pour les instruments de travail et tout autre objet. On les dérobe; puis, quand on n'en a plus besoin, on les rend. Tous ces procédés ne sont que le résultat du principe d'union entre les membres de la société, et du point de vue communiste profondément enraciné dans le peuple.

Les idées sur l'héritage sont aussi en désaccord avec la loi. Les membres de la famille jouissent de la propriété en commun. Les enfants sont les héritiers de leurs parents, non pas parce qu'ils sont leurs enfants, mais parce qu'ils ont été les aides, les compagnons des travaux de leurs parents. Le fils, s'il a vécu en dehors de la famille et qu'il n'a pas participé aux travaux en commun, n'a aucun droit à sa part de l'héritage. Au contraire, un ouvrier ou un enfant adoptif a droit à sa part d'héritage, s'il a aidé la famille dans ses travaux et s'il a vécu longtemps avec elle.

Dans tous les cas, les questions en litige sont jugées par la commune, qui ne se fonde pas sur le degré de parenté, mais sur la quantité de travail fourni par le prétendant à l'héritage. C'est pour la même raison qu'une maîtresse qui a longtemps vécu avec un homme, qui l'a aidé dans ses travaux, a droit à l'héritage malgré la loi. Dans la plupart des cas, le testament n'a aucune valeur, parce que les membres de l'*obchtchina* distribuent à chacun une part selon ses mérites.

Les idées originales sur la propriété se reflètent aussi dans les procès pour violation de la propriété. Le vol n'est pas toujours considéré comme un acte criminel, c'est une affaire privée entre le voleur et le plaignant. Le procès n'a lieu qu'à la suite d'une plainte, et se termine aussitôt que les deux parties ont fait la paix. Le vol par nécessité n'est pas considéré comme un crime dans certaines provinces; ainsi, au nord de la Russie, le peuple adore saint Nicolas, *le voleur de poules*, considéré comme le patron de tous les voleurs, et qui leur vient en aide dans leurs entreprises.

Ceci prouve que, dans certains cas, le vol est considéré comme licite, et qu'il se trouve même sous la protection des cieux. Mais les voleurs ne se contentent pas de saint Nicolas seulement, ils ont recours à d'autres forces surnaturelles. Ils déterrent quelquefois les cadavres, considérant comme un talisman d'avoir sur eux le doigt ou la main d'un mort, un cierge fait avec de la graisse humaine.

Mais nous touchons ici à la superstition, à la sorcellerie, dont la vie du paysan est pleine, et dont la description nous mènerait trop loin. Notre but était de donner une idée des conceptions originales de la morale et du droit du paysan russe, en les illustrant par une série de faits qui nous montrent la différence qui existe entre ses conceptions à lui et les principes de la morale civilisée et du code écrit.

Cette originalité s'observe surtout dans la vie religieuse du peuple russe, où s'est jusqu'à présent reflété tout son développement moral et intellectuel. Parallèlement à la fermentation des esprits dans le domaine des idées politiques que l'on observe dans les classes dirigeantes, il se produit dans les masses populaires un travail intellectuel et psychique très-sérieux qui tend à la recherche de l'idéal moral, du « bien », de la « vérité » et du bonheur.

Ce travail de l'esprit du peuple a une marche complétement indépendante, en dehors de toute influence de la science et de la civilisation, et se caractérise par une critique implacable de toutes les bases de l'organisation sociale et religieuse actuelle. Tout ce qui, dans les classes civilisées, se manifeste sous la forme d'une critique plus ou moins scientifique et philosophique, prend chez le peuple le caractère d'un mouvement religieux, qui depuis longtemps a attiré l'attention tant des observateurs et des savants que du gouvernement.

Depuis cinquante ans, la religion officielle de la Russie se trouve dans la même position critique que celle que le catholicisme occidental a subie il y a longtemps. La religion orthodoxe soutenue par le gouvernement et le clergé, réduite à une simple routine et à l'accomplissement de formalités, ne répond plus aux besoins du peuple, qui cherche dans la religion la solution des problèmes de la vie individuelle et sociale, et qui aspire à un idéal moral qui ne soit pas en désaccord avec la réalité. Il se fait un travail actif dans les esprits, travail qui ne se borne pas à attaquer un dogme quelconque de la religion, mais qui tend à créer des systèmes originaux de vie sociale.

En effet, malgré toute la sévérité avec laquelle la loi punit en Russie tous ceux qui s'écartent de la religion de l'État, — punition qui prive l'homme de ses droits de citoyen et l'expose à toute une série de persécutions, — la Russie ne compte pas moins de treize millions de schismatiques appartenant à une grande variété de sectes, mais qui toutes ont cela de commun, qu'elles se sont séparées de l'Église officielle et n'en reconnaissent pas la priorité. Remarquons que ce mouvement a lieu presque exclusivement parmi les ouvriers et les paysans. Les classes éclairées se sont distinguées, en Russie, depuis longtemps par leur indifférence complète en matière de religion, et les croyances religieuses sont remplacées par des systèmes philosophiques plus ou moins fondés sur les résultats de la science européenne; tandis que le paysan, qui vit sous le joug de l'éternelle misère, de vexations de toute nature, d'impôts exorbitants, privé des bienfaits de la civilisation et de la science, cherche le salut et la vérité morale dans une religion qui ne soit pas en désaccord avec la vie, et qui, tout en sauvant l'âme, puisse lui procurer la paix, le bonheur et le bien-être sur cette terre.

Le paysan réfléchit sur sa vie à lui, sur ses rapports avec Dieu et les hommes, ses droits et ses devoirs. « Pourquoi le prêtre, ce représentant de la religion, de l'amour et de la fraternité, se conduit-il avec les hommes comme un loup rapace? Pourquoi les hommes vivent-ils en hostilité les uns avec les autres, et persécutent-ils le plus faible? Pourquoi l'homme pauvre travaille-t-il toute sa vie? Est-ce pour payer des impôts, avoir toujours faim, être battu par la police, et finir par chercher l'oubli dans le vin? Où est la vérité? où est le salut? »

De telles questions surgissent dans la tête du simple campagnard et le tourmentent nuit et jour. Rongé par le doute, il s'adresse au prêtre. Mais le pope ignorant n'a ni le temps, ni l'envie de causer avec lui; aussi le chasse-t-il sans lui donner aucune réponse. « Ton devoir est de travailler et d'aller à l'église, et non pas de raisonner », lui dit le pope.

Il va sans dire qu'un tel langage ne satisfait pas le paysan. Abandonné à lui-même, il tâche de résoudre les questions qui le tourmentent de son propre chef, ou bien avec l'aide de gens compétents à ses yeux. Vu l'extrême inconstance des conditions sociales, l'absence de travail continu, on rencontre en Russie une masse de gens qui traversent le pays d'un bout à l'autre en quête de moyens d'existence, qui s'habituent au vagabondage, et finissent par former une classe de gens qui fuient les impôts, le travail pénible, la police, en un mot, tous les désagréments de la vie. Les uns se retirent dans les forêts et forment des bandes de voleurs; les autres s'éloignent dans des endroits déserts, s'y construisent des cabanes isolées et solitaires, et tâchent d'expier leurs péchés dans la prière; d'autres passent leur vie à fréquenter tous les lieux saints; d'autres enfin deviennent des apôtres du vrai christianisme, dévoilent les péchés de la société, créent de nouveaux dogmes de foi et de morale.

Leur critique sévère de la vie actuelle et de l'Église trouve un écho dans la masse du peuple, mécontente de sa vie et avide de vérité. Peu à peu le nombre des adeptes va croissant. Le peuple écoute avidement les discours enthousiastes de ces apôtres, et leur demande la solution des questions qui l'obsèdent. Leurs harangues et leurs prédications finissent par créer de nouveaux codes de morale et de sociologie, qui, étant sanctifiés par le sentiment religieux inhérent au peuple, créent de nouvelles sectes.

Au nord comme au sud, à l'orient et à l'occident de la Russie, les sectes poussent comme l'herbe et prennent des formes variées, depuis le mysticisme extrême, ascétique, jusqu'au rationalisme réaliste. Presque tous les jours, les correspondants de journaux, les prêtres de camgagne, les agents de police découvrent une nouvelle secte qui a paru dans telle ou telle localité, et qui est parvenue à s'attirer une masse d'adeptes./Il y a, par exemple, quelques années, le tribunal de Kharkov prononça un verdict de condamnation contre un vieillard de soixante ans, Soukhanoff. Voici de quoi il était question : Soukhanoff avait servi autrefois dans la marine; puis, ayant quitté le service, il s'adonna à la religion et passa plusieurs années dans différents couvents. En 1874, il loua à un propriétaire quelques arpents de terre, et, s'étant rapproché des paysans, il leur persuada de ne plus fréquenter les églises, de ne pas accomplir les rites prescrits par la religion, de se réunir dans une maison quelconque et de causer en commun des sujets religieux. Des hommes et des femmes habillés de blanc s'asseyaient sur des bancs, allumaient des cierges, récitaient des prières et se confessaient mutuellement de leurs péchés. Soukhanoff exigeait, des membres qui s'étaient joints à cette société, le serment suivant : ne pas boire d'eau-de-vie, ne pas fumer, ne pas abuser des rapports sexuels, se sacrifier soi-même et toute sa fortune pour le bien du prochain. C'était le commencement d'une nouvelle secte qui envahit rapidement une foule de villages.

Un fait analogue se passa dans une autre localité. Une jeune fille, nommée Xenia Kouzmine, arriva dans un village et se mit à y prêcher une nouvelle religion. Elle reniait le mariage, l'église et l'alimentation animale. Ayant choisi douze hommes, elle les déclara ses apôtres. Elle parcourait le pays avec eux, en chantant des hymnes religieux et en exhortant le peuple à mener une vie nouvelle, fondée sur les principes du communisme : elle prêchait la communauté des biens et l'égalité sociale.

En 1860, dans le département de Perm, parmi les mineurs, un nommé Pouchkine se révolta contre les formalités de la religion et de l'Église orthodoxe, prêcha la fraternité générale, la communauté des biens, l'appropriation de la terre par tous ceux qui veulent travailler, etc. Quoique le gouvernement eût enfermé Pouchkine dans le couvent de Solovets, où il resta pendant vingt années, néanmoins son enseignement poussa des racines profondes, s'étendit dans tout un district, et, il n'y a pas longtemps, quelques-uns de ses adeptes furent jugés par le tribunal de Perm pour avoir empêché le prêtre d'officier, pour avoir refusé de payer les impôts, avoir prêché le royaume des cieux sur la terre, et avoir nié toute espèce de gouvernement.

A peu près vers la même époque, le régent du Caucase présentait un rapport au ministre de l'intérieur sur une nouvelle secte très-dangereuse qui reniait les rites et la hiérarchie ecclésiastiques, et qui, au nom du vrai christianisme, prêchait le communisme, la liberté absolue et la désobéissance au gouvernement, quel qu'il fût. Le gouvernement fit une enquête, envoya les principaux chefs de la secte dans les prisons et en exil; mais la secte ne fit que croître. Dans la même localité apparut un ancien soldat, Sokoloff, qui se mit à prêcher que le royaume des cieux avait déjà commencé; que les hommes devaient vivre comme des frères, distribuer leurs biens parmi les pauvres, fuir les autorités de la terre comme le diable, etc.

Vers 1850, dans le gouvernement de Vladimir, parmi les paysans apparurent des hommes qui commencèrent à prêcher la soumission de la chair à l'âme. Dieu a créé l'âme, et le diable a créé le corps. Pour cette raison, les adeptes de cette secte, voulant sauver l'âme, se pendent à des courroies jusqu'à ce qu'ils perdent leurs forces, se couchent par terre, et, en tournant la tête derrière le dos, ils arrêtent la respiration et restent dans cet état jusqu'à la perte de connaissance.

Nous pourrions prolonger ces exemples, dont sont remplis les journaux russes. Cette fermentation religieuse du peuple, ce schisme en Russie, prend naissance par suite du mécontentement général de la vie actuelle, de la nervosité maladive du peuple, de son ignorance, et du désir ardent qui l'anime de créer des formes d'existence sociale plus convenables et plus avantageuses. Si une grande partie des sectaires se réunissent en groupes pacifiques et fraternels qui par leur travail font naître autour d'eux la paix et le bien-être, et qui poursuivent dans la vie le bonheur et le perfectionnement, il y a en Russie une masse d'autres sectaires qui se passionnent pour le côté sombre et mystique de la vie, qui s'élèvent avec force contre toutes les relations sociales, et qui sont inspirés d'une haine fanatique pour tout ce qui est de ce monde, tout ce qui est humain.

# CHAPITRE II



## VIEUX CROYANTS.

Quoique le schisme avec ses nombreuses variétés de sectes ait pris, ces derniers temps, en Russie, des proportions menaçantes, il est loin d'être un phénomène nouveau, et son origine date depuis le moment où l'État russe a commencé à s'affermir, à se centraliser, et s'est mis à exercer une influence trop marquée sur le peuple et sa vie sociale.

Il faut remarquer que l'Église officielle russe donnait toujours une bien plus grande importance à la forme, aux cérémonies, aux rites, qu'à l'esprit religieux. Le christianisme byzantin, transplanté sur le sol du paganisme slave, ne s'est jamais donné la peine d'éveiller dans le peuple un vrai sentiment religieux, n'a jamais cherché à satisfaire aux instincts moraux et esthétiques du peuple. Il ne se préoccupait que de la forme, exigeait une adoration aveugle devant les images saintes, la répétition monotone de certains passages de prières, le jeûne, les génuflexions, etc.

Les croyants s'étaient habitués à ne voir dans la religion que la forme, et discutaient avec acharnement sur des questions dans le genre de celles-ci : Comment faut-il poser les doigts en faisant le signe de la croix? Quelle est l'orthographe de Jésus : Issous ou Iissous? Faut-il répéter deux ou trois fois le mot Alleluia ? etc.

Les prières et les livres religieux traduits du grec en grand nombre étaient copiés par des moines et des diacres. Par suite du peu d'instruction de ces copistes, beaucoup d'erreurs et de mutilations se glissèrent. Alors le patriarche Nikone convoqua un concile. Le concile résolut de corriger les livres religieux et les manuscrits, conformément aux anciens manuscrits slaves et grecs, et en même temps de saisir dans les villes et les campagnes tous les vieux livres et les manuscrits que l'on soupçonnait être mutilés. Cette entreprise hardie fut le point de départ du schisme.

Pour le peuple ignorant et superstitieux, pour la plupart du clergé, tout ce que contenaient les livres religieux, même les erreurs des copistes, était sacré. C'est sur ces erreurs et sur l'explication précise du texte de ces livres religieux que s'appuyèrent les *starovéry* (vieux croyants), pour défendre à leurs adeptes, sous peine de péché mortel, de raser la barbe, pour prescrire le signe de la croix avec deux doigts et non avec trois. Les fanatiques préféraient mourir que de lire Iissous au lieu de Issous, etc.

Le clergé et le peuple virent dans les innovations de Nikone une violation de la foi de leurs aïeux et ne voulurent pas s'y soumettre. Alors le patriarche exigea que les protestants fussent maudits par le concile et excommuniés. Le pouvoir temporel fut chargé de poursuivre les protestants qui ne voulurent pas se soumettre à l'Église de l'État.

Ces mesures ne furent pas de nature à calmer les protestants, qui virent dans la personne du patriarche et du Tsar des hérétiques, des serviteurs du diable. Grâce à cette intervention du pouvoir temporel dans des malentendus d'ordre purement religieux, le mécontentement, qui se limitait dans la sphère du clergé, pénétra dans la société et même dans la masse du peuple. A la tête de ce mouvement, vinrent se placer des hommes du peuple, qui transportèrent ce mé-

contentement sur un terrain social et politique.
Cette lutte fut le point de départ d'émeutes terribles aux dix-septième et dix-huitième siècles,
émeutes qui menacèrent de renverser le royaume
de Moscou.

Lorsque survint la période de centralisation
gouvernementale, avec les fardeaux qu'elle crée
au peuple, les *starovéry* (vieux croyants) se
déclarèrent encore plus ouvertement pour l'ancien ordre de choses, et se mirent à chercher
dans l'Écriture sainte des textes qui blâmaient
les innovations.

Le schisme devint le centre autour duquel
vinrent se grouper tous les mécontents et les
persécutés, tous les éléments antigouvernementaux et démocratiques du pays. Les réformes
despotiques et roides de Pierre le Grand favorisèrent singulièrement le développement du
schisme.

Ce monarque, le knout en main, introduisit la
civilisation européenne, et, en sa qualité de réformateur fanatique, il poussait la contrainte
jusqu'à la cruauté. Outre l'augmentation des
impôts, le renforcement de l'administration, l'enseignement obligatoire, etc., il força les hommes
à se raser la barbe, à fumer l' « herbe du diable »,

le tabac, à porter le costume européen ; en un
mot, il se mit à persécuter par tous les moyeus
les anciens us et coutumes. Des centaines de
mille de personnes périrent pendant son règne
en travaillant à la construction de villes, de for-
teresses, de canaux ; innovations indispensables
au but que s'était proposé Pierre le Grand.

En outre, ce tsar, « cet être sacré », se rasait
la barbe, mangeait et buvait avec des hérétiques,
les Allemands, parlait leur langue et professait
un mépris profond pour tout ce qui était russe.
On peut se figurer l'horreur des fanatiques !
Pierre fut qualifié du nom de « fils de Satan »,
« Antechrist », et toutes les lois furent envisagées
comme une œuvre impie, infernale. L'ordre de
se raser la barbe fut reçu par eux comme un
désir infernal de « défigurer l'image de Dieu ».
Les changements que subit le calendrier, par
lesquels on transportait le premier jour de l'an de
septembre en janvier, furent reconnus comme
une tentative diabolique d'embrouiller les sai-
sons instituées par le Créateur. Le recensement et
les passe-ports étaient aussi l'œuvre de l'Antechrist, selon les schismatiques, qui se mirent à
prêcher au peuple de se bien garder de s'inscrire
sur les livres, et de chercher le salut dans la fuite.

Le gouvernement répondit à ce défi par des persécutions et des châtiments terribles. Des communes entières de schismatiques furent détruites, des couvents incendiés, des détachements de troupes et des policiers parcouraient les campagnes, les steppes et les forêts à la recherche des fanatiques. Quelquefois ces derniers se défendaient les armes à la main; il se produisait alors des mêlées terribles, dans lesquelles des centaines d'hommes périssaient; le plus souvent cependant des milliers de fanatiques se dispersaient de tous côtés.

Ainsi, d'après des données officielles, dans le court espace de temps depuis 1719 jusqu'à 1736, plus de 440,000 hommes se dispersèrent de tous côtés, et principalement du côté des frontières. Les forêts et les déserts se remplirent de protestants, qui espéraient y trouver la paix, fuir l'Antechrist et y vivre d'une vie indépendante. Mais à leurs talons marchaient les soldats, qui avaient l'ordre de les saisir, de les mettre dans les fers, de leur donner le knout, de les jeter dans les prisons et les souterrains.

Les fanatiques, sachant ce qui les attendait, s'ils tombaient entre les mains de leurs persécuteurs, préféraient se donner volontairement la mort que d'être à la merci des serviteurs de l'Antechrist. Alors se passèrent des choses qui n'ont eu rien de semblable dans aucun autre pays de l'Europe. Des milliers d'hommes se jetaient dans les flammes, pour ne pas tomber entre les mains de leurs persécuteurs. Quelques chiffres sur ces suicides en masse, que l'on retrouve par-ci par-là dans les archives, nous montrent que par exemple en 1679, dans un village du gouvernement de Tobolsk, 1,700 vieux croyants se jetèrent dans le feu. En 1680, dans le gouvernement de Iaroslavl, 1,920 paysans se brûlèrent ensemble. En 1687, le 4 mars, dans un des couvents de vieux croyants du gouvernement d'Olonets, 2,700 fanatiques se donnèrent la mort en se jetant dans les flammes, en présence des soldats venus à leur poursuite.

Nous laissons toute une série de suicides volontaires en masse au dix-septième siècle, et nous passons au dix-huitième siècle. En 1722, dans le gouvernement de Tobolsk, trois villages de vieux croyants furent volontairement réduits en cendres, ainsi que leurs habitants, plusieurs centaines d'hommes, de femmes et d'enfants.

En 1723 se brûlèrent 25 personnes.
En 1724 — 145 —
En 1726 — 70 —
En 1734 — 200 —
En 1743 — 73 —
En 1748 — 78 —
En 1753 — 200 —
En 1754 — 50 —

En 1756, dans le gouvernement de Tomsk, une masse de fanatiques se réunirent dans le village de Maltsevo, situé au milieu de marais, de marécages et de bois. Ils se réunirent dans neuf *izba* solides, s'y enfermèrent et s'entourèrent d'une haie élevée. Aux exhortations de l'officier venu avec une troupe de soldats, les fanatiques répondirent qu'ils s'étaient réunis pour périr en défendant la foi du Christ. En disant cela, ils allumèrent la paille et les fagots préparés d'avance et moururent dans les flammes au nombre de 172 personnes. En 1761, dans le village de Kouzmino, 150 personnes se brûlèrent dans une maison où elles s'étaient réunies.

Nous aurions pu continuer cette énumération, mais nous nous arrêtons, craignant de fatiguer le lecteur. Les schismatiques qui se donnaient la mort par le feu se distinguaient par une hardiesse et un héroïsme remarquables. « Ne nous rendons pas entre les mains de l'Antechrist! disaient-ils. Plutôt mourir par le feu que de se vouer aux tourments et à la honte. »

Et ils périssaient en masse dans les flammes, avec leurs femmes et leurs petits enfants, « à la gloire de Dieu, pour le Christ, pour la vraie foi ». Un grand nombre cependant fuyaient leurs persécuteurs, erraient dans la campagne, semant partout le mécontentement et le schisme. Les missionnaires schismatiques, travestis en mendiants vagabonds, traversaient le pays le sac sur l'épaule, dans lequel étaient cachés des livres et des manuscrits anciens; quelquefois ils se faisaient passer pour des pèlerins allant visiter les lieux saints, quelquefois ils se donnaient pour des marchands, cachant leurs livres sous les ballots de marchandises.

A la suite de ces fuites en masse, on vit surgir sur les confins de l'État, dans les endroits déserts et incultes, des villages, des communautés, des bourgs, peuplés de schismatiques qui fuyaient l'Antechrist. Ils étaient fermement résolus à défendre l'ancienne foi et les libertés du peuple. Ils s'opposèrent à toutes les innovations du gouvernement et créèrent leur propre morale et leurs dogmes philosophiques et sociaux.

Ainsi, vers la fin du dix-septième siècle, au nord de la Russie, au milieu des forêts et des lacs, se forma tout un groupe de communautés schismatiques intimement unies entre elles et avec toutes les autres communautés de la Russie. La communauté-couvent de Bogoïavlensk s'est surtout distinguée. Cette communauté était composée de membres qui tous étaient égaux, et qui jouissaient des mêmes droits personnels. Les forces et les aptitudes de chacun des membres de la communauté étaient connues, et, conformément à ces aptitudes, la besogne de chacun répartie par des hommes expérimentés, nommés par élection.

La communauté se divisait en plusieurs groupes associés de travailleurs et d'industriels; chaque association avait son local séparé, et toutes les affaires concernant cette association étaient dirigées par des starosty (chefs), élus chaque année. Un surveillant spécial était attaché aux enfants, pour suivre la marche de leurs études et de leur éducation. Ces inspecteurs étaient choisis parmi les hommes âgés qui connaissaient à fond l'Écriture sainte.

Tout le bien de la commune se divisait en deux catégories : le bien personnel et le bien commun. On considérait comme bien commun : la terre, les bâtisses, le bétail et tous les ustensiles nécessaires à cette grande famille. Cette partie du bien était indivisible, et ne pouvait être transmise ni par héritage, ni par testament. On considérait comme bien personnel tout bien mobilier appartenant à quelques-uns des membres, dont le propriétaire pouvait disposer comme bon lui semblait.

Ce serait une erreur de supposer que ces couvents et ces communautés représentassent des groupes religieux plongés exclusivement dans les dogmes fanatiques de la religion et les cérémonies religieuses. Au contraire, ces communautés devenaient florissantes, se transformaient en villages et bourgades, dont le commerce pour cette époque était très-considérable, et menaient de front leur propagande religieuse avec la culture des terres incultes environnantes.

La liberté individuelle y était profondément respectée, ainsi que la liberté de conscience. D'après les documents historiques, on recevait dans ces communes des étrangers luthériens, et souvent parmi les prédicateurs se trouvaient des personnes très-instruites pour cette époque, connaissant la théologie, la rhétorique, la philosophie, ainsi que le grec, le latin et le slave.

La communauté de Bogoïavlensk, qui était pour ainsi dire le centre, était en relation avec un grand nombre d'autres communautés schismatiques répandues tant au nord qu'à l'est du vaste empire de Russie. De temps en temps ces communes choisissaient des représentants qui se réunissaient en congrès où l'on traitait des affaires de commerce et d'agriculture, et où l'on soulevait en même temps des questions de morale et de religion. Les chefs spirituels ainsi que les prédicateurs étaient élus à ces congrès; les crimes étaient jugés, et les membres immoraux ou ivrognes étaient expulsés par décision du congrès.

Les communautés schismatiques étaient en relations continuelles les unes avec les autres et en correspondance active sur des sujets religieux et commerciaux. Ils avaient un alphabet spécial, un service de poste à eux, n'ayant aucune confiance dans le service postal du gouvernement, qui les traitait toujours en ennemis.

Ayant ainsi créé une organisation indépendante tant au point de vue économique que religieux, les starovéry avaient fondé pour ainsi dire un

État dans l'État russe; ils y attiraient tous les éléments énergiques du peuple, ils avaient de grandes relations commerciales avec toute la Russie, cultivaient les endroits incultes, s'enrichissaient et exerçaient une salutaire influence sur le paysan.

Développées au dix-huitième siècle, ces communautés de vieux croyants ont persisté jusqu'à nos jours. Actuellement même, dans les régions orientales et septentrionales de la Russie et de la Sibérie, dans des endroits sauvages et reculés, loin des grands centres, se trouvent de riches villages et des couvents de schismatiques dont la population mène une existence à moitié communistique, ne reconnaît pas l'Église de l'État, fait ses prières d'après les vieux livres et cherche à se rapprocher du genre de vie simple et patriarcale des premiers temps. Voici la description d'un riche village schismatique des provinces septentrionales de la Russie, d'après le récit d'un témoin oculaire :

« Il n'y a pas de communisme ici, la vie est fondée sur le principe de la propriété personnelle. Mais les rapports entre les propriétaires et leurs ouvriers offrent une particularité caractéristique. Les ouvriers forment des associations d'une cinquantaine de personnes environ qui travaillent en commun et partagent leurs bénéfices en parts égales. Ces associations jouissent d'une telle force morale que dans toutes les questions douteuses, tant matérielles que religieuses, elles s'assujettissent complétement le propriétaire ou l'entrepreneur. En dehors des travaux obligatoires, les ouvriers et les patrons traitent des questions de morale et de religion. Ces discussions sont dirigées par les personnes les plus instruites et les plus expérimentées, sans distinction de position sociale, de sorte que souvent dans ces discussions le rôle prédominant appartient au plus indigent. »

Le patron doit se soumettre généralement aux décisions de la majorité de l'association dans les questions temporelles, au risque d'être proclamé l'ennemi de la communauté et l'Antechrist, avec lequel toute relation devient impossible. Les communautés et les couvents actuellement existants servent de refuge aux pauvres, aux vagabonds, aux malades et aux pèlerins. L'hospitalité la plus grande y est pratiquée, en partie au nom des principes de religion, de l'amour et de la fraternité, en partie dans le but de propagande religieuse.

Il existe des asiles de bienfaisance de cette nature à Moscou, à Pétersbourg et dans beaucoup de villes de province, surtout dans les provinces éloignées du centre. A ce point de vue, les couvents de starovéry jouissent d'une grande réputation. Les vieillards, hommes et femmes, les malades, tous ceux qui avaient quitté les biens de ce monde pour s'adonner à la prière et au jeûne, trouvaient un refuge dans ces couvents. Quelques-uns possédaient de grandes richesses, d'autres devaient leur existence à la bienfaisance de la population environnante, qui considère les habitants de ces refuges comme des saints, des hommes voués à Dieu, aux mœurs pieuses des anciens temps, qui passent leur temps à prier pour les hommes de la société, plongés dans le péché.

Il serait faux cependant de ne représenter ces institutions de starovéry que par leur bon côté. Dans chaque secte, comme dans chaque société organisée qui mène une propagande secrète, à côté de résultats utiles, se développent aussi le mensonge, la dépravation et les vices qui atteignent parfois des dimensions colossales. Ainsi, dans le schisme des vieux croyants il s'est produit avec le temps des abus de tout genre, des vices de toute nature. L'ignorance des masses populaires ouvre un champ large aux aventuriers, aux vagabonds, qui se font passer pour des prophètes, des saints, des archevêques persécutés; ils vont de place en place, prêcher la « vraie foi » et la fin du monde, vivent aux dépens de la crédulité du peuple, lui extorquent de l'argent, s'enivrent et mènent une vie déréglée. Beaucoup de couvents et d'asiles, sous le manteau de la bienfaisance et du salut de l'âme, servent de refuge aux vagabonds, aux brigands, aux repris de justice, et de lieu de réunion pour des festins, la dépravation et la débauche.

Nous nous bornons à un aperçu rapide de cette forme historique du schisme russe. La cause qui a provoqué ce schisme, c'est le désir de défendre les anciens usages religieux et sociaux contre les réformes violentes qui provoquèrent chez le peuple des protestations énergiques. La cause n'existant plus à l'heure actuelle, cette vieille forme de schisme a perdu sa signification d'autrefois; elle se distingue peu de la religion orthodoxe de l'État.

Le plus haut degré de philosophie religieuse et de dogmatisme que les vieux croyants aient atteint s'exprime actuellement par les formules suivantes : L'Antechrist est venu sur cette terre depuis le patriarche Nikone, et il règne depuis sur la Russie. L'église n'est plus une église, mais un lieu de débauche; les prêtres et les évêques ne sont que des loups et des hérétiques. Tous ceux qui se soumettent au règlement de l'Église orthodoxe sont voués à l'enfer et à des tourments éternels. La croix orthodoxe est le cachet de l'Antechrist et une idole qui ne convient qu'aux idolâtres, ainsi que le signe de la croix. Défense absolue de se prosterner devant les images orthodoxes, de se servir d'encens et de cierges; défense d'occuper des places officielles, de s'inscrire sur les registres de l'État, de prendre des passe-ports, etc., tout ceci n'étant que des piéges de l'Antechrist.

Cette vieille forme de schisme ne nous présente de l'intérêt que parce que, s'étant peu à peu divisée en plusieurs groupes, elle a servi de point de départ à une variété de différentes sectes qui s'en distinguent complétement, ayant pris la forme d'un ascétisme extrême et mystique, ou bien s'étant engagées dans la voie d'explications rationalistes de la religion, comme nous le montrerons dans les chapitres suivants.

# CHAPITRE III



## LES FUYARDS OU VAGABONDS.

Toute l'histoire de la Russie, depuis son origine jusqu'à nos jours, n'est qu'une lutte incessante et opiniâtre du peuple qui cherche à défendre ses libertés primitives contre le gouvernement et l'État, qui tendent à lui faire subir leurs lois. Dans les chapitres précédents nous avons déjà parlé des causes sociales et historiques qui ont poussé le peuple au protestantisme mystique et ont donné naissance au schisme. Il nous suffira d'attirer l'attention du lecteur sur ce fait que, dans toutes les sectes mystiques, nous rencontrons la négation absolue de l'organisation actuelle de l'État, de la société et de la famille. « La terre est le royaume du péché et des ténèbres, le royaume de la vanité et des chagrins », proclament-ils. De là cette tendance à quitter tous les soucis de cette terre pour un monde mystérieux et inconnu, où il n'y a ni péchés, ni douleurs, ni besoins.

La vie russe, pleine de surprises, exposée à la volonté arbitraire du pouvoir et des personnages puissants, remplie de misère et de privations, tient dans un état perpétuel de surexcitation nerveuse le peuple ignorant et superstitieux, qui explique tous les malheurs par la colère de Dieu punissant les hommes pour leurs péchés. Un malheur inattendu, une épidémie, une famine, une comète, tout produit une panique dans la foule ignorante. La misère, la terreur et l'incertitude du lendemain ont tellement ébranlé le système nerveux du peuple, que les épidémies d'hystérie sont très-fréquentes, surtout dans les régions du Nord et de l'Est, où les forêts sont immenses, le froid vif, les habitations rares et la nourriture insuffisante.

Des hommes, des femmes crient comme des possédés, sont pris de hoquets, se frappent contre terre, annoncent la fin du monde, quittent les villes et les campagnes, et s'enfuient dans les forêts. Dans cette solitude, leur imagination surexcitée les fait penser à l'arrivée de l'Antechrist et à la nécessité de sauver leurs âmes. « Dans ce monde règne l'Antechrist-Satan, qui a perverti toute l'humanité. Il règne sur la conscience des hommes et les tient sous sa domination. Il est inutile de lutter contre cette force invincible du mal. Le seul moyen de salut, c'est de fuir les liens et les obligations sociales, tout ce qui porte l'empreinte diabolique de l'Antechrist. »

L'étude des sectes mystiques est hérissée de grandes difficultés, vu le mystère dont les adeptes s'entourent pour cacher leur vie et leurs doctrines. Plusieurs de ces sectes exigent de chaque nouveau prosélyte un serment solennel de ne rien dévoiler à personne. En voici, par exemple, une formule : « Je jure par mon âme de supporter le fouet, le feu, la hache, le billot et tous les tourments pour notre sainte religion, et de ne communiquer à personne, pas même à mon père, ce que je verrai et ce que j'entendrai. »

Ce qui est certain, c'est que l'idée mystique sur l'Antechrist, la négation de l'organisation actuelle de la société et le principe d'ascétisme, quoique souvent transgressé, forment le trait fondamental et caractéristique, commun à toutes les sectes religieuses du peuple russe, telles que les fuyards (begouny), les mutilateurs (skoptsy), les muets (moltchalniki), les sauteurs (prygouny) et beaucoup d'autres.

Le vagabondage, comme nous avons eu l'occasion de le mentionner, domine dans toute l'histoire du peuple russe, tant dans le passé que dans le présent. Jadis, les hommes libres et encore sauvages se retiraient dans les forêts et dans les plaines désertes; ils occupaient de nouveaux territoires pour éviter le joug du royaume moscovite nouvellement formé et fuir son implacable centralisation et ses lois sévères; plus tard, ils fuyaient l'esclavage et le despotisme des propriétaires; maintenant, ils fuient les impôts, le service militaire, les persécutions de la police et la misère.

Nous voyons ainsi que cette tendance au vagabondage est un trait invétéré et pour ainsi dire héréditaire du caractère russe; c'est le moyen suprême auquel le peuple a recours pour s'affranchir des calamités et de l'oppression, et c'est sa seule forme possible de protestation.

Il n'est donc pas étonnant que l'une des sectes religieuses les plus répandues soit celle des fuyards, qui a reçu son nom de ce que tous ses adeptes fuient les devoirs que leur imposent le gouvernement, la société et la famille. La secte des fuyards est d'autant plus intéressante pour nous, qu'elle réunit les traits principaux de la majorité des sectes mystiques et peut servir de prototype pour toutes les autres.

Les forêts sombres et les plaines immenses de la Russie offrent un large champ au vagabondage. Un homme est découragé, épuisé par un travail pénible, ruiné par des impôts exorbitants, fatigué par les désordres et les ennuis de famille, et tourmenté par un grand nombre de questions morales, délicates et incertaines : il finit par quitter tout et fuit dans une forêt où personne ne pourra le trouver ni le forcer de vivre au milieu de cette société exigeante.

Seul en face de la nature, il lui semble qu'il vient de secouer son esclavage. Il s'adonne à la contemplation et à la méditation, il cherche à résoudre les questions de vie et de mort, se met à errer sans but, rencontre des malheureux qui, comme lui, ont fui la société. Il leur communique ses idées, et c'est ainsi que peu à peu finissent par se former des groupes de vagabonds qui n'ont ni habitations, ni occupations, ni famille, et qui se soustraient à tous les devoirs sociaux. L'empire immense de Russie est leur domaine, depuis les forêts impraticables et les plaines marécageuses du Nord jusqu'aux steppes déserts de l'Orient et les plaines brûlantes du Midi.

Par-ci par-là, on rencontre des groupes qui ont un domicile fixe et qui peuvent ainsi donner asile à leurs camarades qui voyagent, les soustraire aux recherches de la police, les transporter d'un endroit à l'autre. Pour répondre à ce but, les maisons des sectaires ont une architecture spéciale : elles sont composées d'une quantité innombrable de portes, de cellules communiquant, au moyen de passages souterrains, avec d'autres maisons, avec la plaine et la forêt.

Une de ces maisons, par exemple, dernièrement découverte par la police, présentait un labyrinthe de cellules et de couloirs; dans un des murs se trouvait un placard, sur les rayons duquel était disposée de la vaisselle. Ayant soulevé un de ces rayons, la police aperçut un trou, qui menait dans une chambre spacieuse, souterraine, communiquant par un long tunnel avec la forêt.

La secte des fuyards ou vagabonds semble avoir pris naissance à la fin du siècle dernier, mais il n'y a que trente ou quarante ans qu'elle est connue. Elle reçoit indistinctement dans son sein toutes sortes de personnes : des paysans, des soldats, des forçats, des brigands, etc. Les nouveaux adeptes sont obligés de détruire leurs passe-ports ou les papiers qui indiquent leur état social, parce qu'un document de cette nature est considéré comme une œuvre de Satan ; un nouveau baptême leur est donné, dont la cérémonie s'accomplit de la manière suivante :

On place sur une rivière des planches en forme de rectangle ; le néophyte, complétement nu, est mis entre ses deux parrains, le visage tourné vers l'orient. Puis le chef lit des prières, dans lesquelles il maudit Satan, le pouvoir religieux et temporel, déchire le passe-port du néophyte, comme symbole de sa rupture avec le « pouvoir de ce monde », et plonge le nouvel adepte dans l'eau.

Après cette cérémonie, le néophyte reçoit un nom nouveau et revêt un long vêtement blanc ; on lui prescrit un jeûne prolongé, et on lui fait prêter serment de ne se soumettre ni au pouvoir religieux ni au pouvoir temporel, parce qu'ils sont l'œuvre de Satan, de considérer tous ceux qui vivent dans les conditions actuelles de la société comme des serviteurs de Satan, de ne jamais prendre de passe-port, de ne pas payer d'impôt, de ne remplir aucune fonction sociale, de ne pas avoir de lieu d'habitation fixe, de vivre de vagabondage et de mendicité.

Les dogmes fondamentaux de cette secte, que

chaque nouveau membre ou « frère » doit connaître, sont les suivants : L'Antechrist préside l'organisation actuelle de l'État, de la société et de l'Église. Les empereurs, les gouverneurs, les administrateurs sont les serviteurs de l'Antechrist. Le service religieux, le sacrement, les cérémonies religieuses, etc., ne font qu'abaisser la vraie foi. Il faut faire ses prières en secret, sans aucune cérémonie religieuse; le mariage est un péché mortel : il faut vivre avec la femme en dehors du mariage, parce que les lois ne sont pas écrites pour les justes.

Ils renient, par conséquent, la famille, et aussitôt que deux époux se joignent à la secte des fuyards, le mari et la femme deviennent étrangers l'un à l'autre et vont chacun de leur côté. Ils errent continuellement et passent leur vie dans les forêts, et souvent dans les prisons, lorsqu'ils tombent entre les mains de la police.

Vivant en dehors de la société, en dehors des lois, se mettant au-dessus de tout ce qui est de ce monde, ces hommes se considèrent comme « les hommes de Dieu, les soldats du Christ », ne se croient pas obligés à s'astreindre aux règles de la morale humaine. Aussi les crimes, les vols, les meurtres, etc., ne sont pas rares parmi eux.

Les fuyards se distinguent de la grande majorité des sectaires russes par leurs débordements dans les rapports sexuels. Les nombreuses dépositions des fuyards eux-mêmes témoignent que tous les sectaires et surtout les jeunes filles, qui sont nombreuses dans cette secte, s'adonnent aux excès génériques. La plupart d'entre eux ont plusieurs maîtresses qui les suivent partout, et comme, dans cette vie nomade, les enfants ne sont qu'un fardeau, il arrive fréquemment qu'on s'en débarrasse, soit en les abandonnant, soit en les tuant. Les avortements aussi sont très-nombreux.

La femme étant considérée par les fuyards libre et égale à l'homme, l'union conjugale est fondée sur le principe de la liberté absolue. « Ce n'est pas la cérémonie religieuse ou civile qui fait le vrai mariage, disent les uns, c'est la sympathie réciproque et l'harmonie dans le ménage. » « Le mariage comme sacrement et comme acte civil, disent les autres, a vécu : les hommes et les femmes doivent s'unir comme bon leur semble pour perpétuer l'espèce humaine. »

Chez beaucoup de groupes, le mariage se fait de la manière suivante : ayant reçu le consente-

ment d'une femme ou d'une jeune fille quelconque, le sectaire arrive à un rendez-vous fixé
d'avance, et fait semblant d'entraîner de force
sa fiancée chez lui, s'il a une maison, ou dans la
forêt, d'où ils font ensemble leur pèlerinage de
village en village, menant une vie de vagabonds,
s'arrêtant chez des amis sectaires, parcourant
la Russie dans toutes les directions. C'est peut-
être un reste des temps primitifs, alors que
les tribus nomades enlevaient les jeunes filles
des tribus voisines. Un tel ménage continue
à exister tant que l'harmonie existe entre les
époux. Aussitôt que survient la brouille, ils se
séparent et s'en vont chacun de son côté. Les
*vagabonds* préfèrent le concubinage au mariage,
parce que, disent-ils, maintenant que l'Antechrist règne sur la terre, ils sont les seuls justes,
et que saint Paul dit que la loi n'est pas écrite
pour les justes. Le père *vagabond* permet à sa
fille d'avoir autant d'amants que le cœur lui en
dit; il se réjouit lorsque sa fille, étant restée la
*fiancée du Christ* (c'est-à-dire vieille fille), ac-
couche d'un nouveau petit sectaire : « Fais des
enfants toutes les semaines, si tu veux, mais ne
te marie pas à l'église », lui dit-il.

Dans certains endroits, les nouveaux époux,

pour donner plus de solennité à l'union libre, se promènent dans les marchés et dans les grandes rues en se tenant par la main, ou bien en tenant chacun le bout d'un mouchoir, annonçant ainsi qu'ils viennent de s'unir.

L'idée de l'Antechrist, délivré de l'enfer mille ans après la naissance de Jésus-Christ, est incarnée, d'après eux, dans la personne des empereurs de Russie, qui représentent le pouvoir sur cette terre. Tout gouvernement est la personnification de l'Antechrist, les agents de la loi sont ses serviteurs, et l'homme qui se soumet aux lois est un hérétique. Ils considèrent le recensement et les passe-ports comme un piége que leur tend l'Antechrist pour prendre le peuple dans ses filets et l'asservir.

On rencontre souvent un tableau curieux chez ces sectaires : l'empereur de Russie y est représenté sous la forme de l'Antechrist. Il porte la couronne et le manteau de pourpre, et Satan lui tend une lumière et lui dit : « Sois l'exécuteur de ma volonté. » A côté de l'Empereur est représentée l'Église orthodoxe, sous la figure d'une femme dépravée.

Nous citons le fait suivant, qui caractérise bien la haine dont les fuyards sont inspirés pour l'Église de l'État. Il y a de cela une quinzaine d'années, dans le gouvernement de Vologda, un paysan nommé Samarine pénétra dans l'église pendant le service religieux. Un cierge allumé à la main, il se précipita sur le maître-autel, saisit le calice qui contenait le vin de la communion, le répandit par terre, jeta ensuite le calice et le foula aux pieds en disant : « Je foule aux pieds l'œuvre de Satan. »

Il fut arrêté et mis entre les mains de la justice. A l'interrogatoire, il déclara appartenir à la secte des fuyards, détester toutes les institutions religieuses et civiles, comme étant l'œuvre de Satan ; il prétendit avoir accompli l'acte décrit plus haut pour insulter Satan et mériter la couronne du martyre. Loin d'appréhender la punition, il la souhaitait lui-même, parce que dans le royaume de l'Antechrist les justes devaient souffrir le martyre et porter leur croix.

Tels sont les traits principaux de la plus importante des sectes mystiques. Elle forme pour ainsi dire un courant dans lequel viennent se déverser tous les éléments instables du peuple, tous les mécontents, matériellement et moralement, tous ceux, enfin, qui ne peuvent se soumettre à l'organisation actuelle, religieuse ou politique.

Il est important de constater que cette secte prend une extension plus grande aux époques de trouble et d'agitation, et qu'elle diminue considérablement dans les périodes de tranquillité. Ainsi, au commencement de ce siècle, lors de l'invasion de Napoléon, quand la société russe traversait une crise et que le peuple essayait en vain de rompre les liens de l'esclavage, la secte des fuyards se répandit avec rapidité. Elle augmenta ensuite vers 1840 et 1850, à la veille des réformes sociales et de l'affranchissement des serfs. Elle s'accroît encore actuellement, quoiqu'elle perde un peu de son mysticisme et qu'elle commence à abandonner peu à peu l'idée sombre de l'Antechrist.

Nous citons le récit que l'un des membres de cette secte fit devant les juges.

« J'habitais le gouvernement de R., et j'étais serf d'un propriétaire, mais, grâce à mon écriture et à mon talent pour le calcul, je fus élevé au grade de teneur de livres dans la propriété du prince B. — C'était un bien vilain homme que ce prince : dissipé, tyran, dépravé, il ruinait les paysans sans miséricorde. Étant teneur de livres,

je vivais mieux que les autres paysans, je n'avais
à me plaindre de rien, lorsqu'un malheur m'arriva. J'aimais la fille du maire, Praskovia; elle
m'aimait aussi; notre passion était tellement forte
que nous ne pouvions vivre l'un sans l'autre.
— C'était une excellente fille, belle, fière, distinguée; tous les garçons lui faisaient la cour,
mais elle ne les regardait seulement pas, et n'é-
tait gracieuse qu'avec moi. Nous commençâmes
déjà à parler mariage, lorsque, pour notre malheur, arriva le prince, notre propriétaire. La
jeune fille lui plut énormément, il voulut la
posséder.

Un jour, deux domestiques du prince empoi-
gnèrent Paracha dans la rue et l'amenèrent de
force devant le prince. — La jeune fille cherchait à s'arracher, demandait grâce, pleurait,
suppliait, — rien n'y fit. — On enferma Paracha
dans les appartements du prince, et j'ignore ce
qui s'y passa. Tout ce que je sais, c'est que je ne
pus supporter cette offense, je maudis la vie des
paysans, et par une nuit sombre je mis le feu à
la maison du prince et je m'enfuis dans la forêt.

Je marchai longtemps de forêt en forêt, de
gouvernement en gouvernement, et je ne con-
naissais de repos ni le jour ni la nuit, comme

Caïn qui avait tué son frère Abel. Je frissonnais au moindre bruit que j'entendais dans la forêt; il me semblait qu'on m'arrêterait et qu'on me jetterait immédiatement en prison. Il m'arrivait de m'approcher dans la soirée d'une izba et de regarder par la fenêtre. Tout le monde était assis autour de la loutchina [1], le maître nattait des lapti [2], la maitresse filait, la fille cousait, les enfants construisaient des maisons avec des petites baguettes de bois; c'était pauvre, mais ils avaient tous chauds, ils avaient l'air satisfait et ne craignaient personne. — Et moi, j'étais seul, abandonné, je n'avais où poser ma tête!

Je rencontrai enfin dans la forêt un anachorète. Un soir, après le coucher du soleil, je vis sortir d'une espèce de tanière d'ours toute couverte de broussailles un vieillard blanc comme la neige; il se plongea trois fois dans la rivière, s'habilla, s'inclina des quatre côtés et se dirigea de nouveau vers sa tanière. Je me jetai vers lui.

— Oh! saint homme! m'écriai-je, ne me refuse pas une bonne parole!

[1] Les bougies étant trop chères, les paysans se servent comme éclairage de morceaux de sapin qui s'appellent loutchina.
[2] Lapti, espèces de sabots.

— Qui es-tu? me demanda le vieillard.

— Ne crains rien, je suis un pacifique voyageur.

— Tu n'es pas un brigand?

— Non.

— Quelle est ta foi?

— Je n'en sais rien moi-même, lui répondis-je, je n'ai pas été instruit.

— Veux-tu connaître la vraie foi?

— Oui.

— Eh bien! suis-moi.

Nous entrâmes dans son souterrain. — C'était une grande pièce large, mais sombre. Les murs étaient en bois, une table en pierre, un livre ouvert sur la table. Pas de lit, mais sur les carreaux par terre une peau était étendue.

Le vieillard me fit asseoir sur une pierre et se mit à m'interroger. — Je lui racontai tout sans rien lui cacher.

— Je vois, dit l'ermite, que tu es malheureux, que tu te trouves dans le royaume de Satan, que tu t'y perds. Veux-tu trouver la paix de l'âme et gagner le royaume des cieux?

— Je le veux.

— Eh bien! écoute-moi. Moi, mon fils, j'ai cherché longtemps la vraie foi, j'ai essayé de toutes les religions, et j'ai fini par me persuader que la vraie foi n'existait nulle part, tout le monde marche dans les ténèbres. Les autorités nous poursuivent, parce qu'elles sont les serviteurs de Satan, l'Antechrist; le peuple ne sait que faire... J'ai donc résolu de devenir agréable à Dieu en jeûnant et en priant; que le peuple s'éloigne dans les forêts et dans les déserts pour fuir le mensonge, la ruine, le royaume de Satan! Fuis le monde, toi aussi, jeûne, prie, tu comprendras la vraie foi, et la paix descendra sur toi!

Je passai toute la nuit sans fermer l'œil, après le discours du vieillard, qui pria tout le temps à genoux sur des cailloux tranchants et des débris de verre. Au matin, il sortit de son souterrain, se plongea trois fois dans la rivière et s'inclina quatre fois, au nord, au sud, au levant et au couchant.

Les paroles du vieux, sa longue barbe blanche, son corps amaigri, son doux regard, sa longue chemise attachée à la ceinture par une grosse corde, ses pieds et ses genoux ensanglantés firent une impression tellement profonde sur moi, que je décidai de devenir son adepte. — « Je quitterai ce monde et je me retirerai dans un désert! m'écriai-je. Je vais prier et jeûner, au moins je serai tranquille, et puis j'aurai gagné le salut de mon âme. » Je creusai un souterrain dans la forêt, je m'y installai et je m'imposai un jeûne sérieux, — je ne prenais rien que du pain et de l'eau. Trois ans s'écoulèrent ainsi, ma gloire se répandit aux alentours, des personnes vinrent me voir pour me consulter sur le salut de leur âme. Tous étaient en quête de la vérité, de la vraie foi, du vrai Dieu. Tous répétaient d'un commun accord que l'Antechrist régnait sur toute la terre, qu'il n'y avait pas de vérité sur la terre, que les juges et les autorités ne commettaient que des iniquités, qu'ils étaient les serviteurs du diable.

Moi non plus, je ne savais quoi leur conseiller, comment leur venir en aide; je ne faisais que pleurer avec eux, prier jusqu'à extinction de forces, et jeûner.

Un jour, l'archevêque schismatique Antonii vint me visiter, ayant entendu parler de ma sainteté. C'était un homme grand de taille, avec une longue barbe, vêtu d'un long cafetan en drap.

Ses cheveux étaient peignés avec soin, ses longues boucles flottaient sur ses épaules; il marchait avec lenteur et dignité, il parlait avec douceur; sa voix était insinuante. Il m'embrassa et me dit qu'ayant entendu parler de ma sainteté, il est venu causer religion avec moi.

— Je vois, dit-il, après une nuit d'entretien, que tu es un homme pieux qui cherche le salut, mais le monde est trop plongé dans le péché pour que l'homme puisse arriver lui-même à connaître la vérité. — Ni le jeûne, ni la prière, ni les œuvres pies ne pourront te sauver, si tu n'apprends à connaître la vraie religion. — Joins-toi à nous, — la vérité n'est que là.

— Que faut-il faire pour cela? demandai-je.

— Suis-moi.

Nous nous approchâmes d'un cours d'eau, Antonii m'y baptisa au lever du soleil, sous un grand arbre, puis il m'ordonna de renier Satan par trois fois à haute voix; ensuite il me dit de le suivre et me promit de m'introduire dans la société des vrais chrétiens.

Nous marchâmes longtemps, nous arrêtant dans des villages de schismatiques, faisant des prières en chemin, et nous arrivâmes enfin jusqu'à un couvent de femmes situé au milieu d'une forêt sombre.

Nous frappâmes à la porte.

— Qui est là ?

— Votre archevêque, répondit Antonii. — Toutes les nonnes accoururent à la hâte et vinrent recevoir la bénédiction de l'archevêque. La Mère supérieure se présenta aussi ; c'était une belle femme jeune encore, entourée de novices. — Antonii leur donna à tous sa bénédiction.

Il me présenta comme un frère nouvellement converti, et nous nous dirigeâmes tous vers la salle à manger pour y converser sur l'Antechrist, sur la fin du monde, sur le salut de l'âme.

On servit du vin et des aliments. — La Mère supérieure, très-hospitalière, nous engageait à manger et n'oubliait pas de se servir aussi. Mon compagnon buvait toujours et devenait de plus en plus gai, de plus en plus familier avec la Mère supérieure. Une autre nonne vint s'asseoir à côté de moi, et alors commença un vrai festin. Nous nous couchâmes bien tard probablement. Le jour suivant, après avoir fait le service de la messe, nous recommençâmes à boire. — Depuis ce jour, mon archevêque se mit à boire tellement que pendant toute une semaine il ne reprit pas connaissance.

— Buvez et amusez-vous, mes enfants ! enseignait-il ; réjouissez-vous tous de ce que votre pasteur est parmi vous. Les derniers jours approchent, l'Antechrist va de par le monde et saisit toutes les âmes chrétiennes qu'il rencontre. — Nos adeptes seuls seront sauvés.

La Mère supérieure elle-même se mit à boire, les amoureux des autres nonnes accoururent. Nous passâmes ainsi toute une semaine sans penser au salut de notre âme... Mais le bruit de nos festins se répandit dans les environs, et le chef de police du district vint avec la police faire une descente chez nous. — On fit une enquête... on nous arrêta. Il s'est trouvé que la police cherchait depuis longtemps mon archevêque. C'était un petit marchand de Rostov qui s'était fait domestique dans un restaurant. Il y fit la connaissance d'un prêtre schismatique et s'enfuit avec lui, après avoir volé son maître; en chemin, il tua le prêtre, lui prit l'argent qu'il avait sur lui, environ dix mille roubles, commença un commerce, et se faisant passer pour un archevêque schismatique et un prédicateur, il allait de village en village, de couvent en couvent, prêchant le schisme et ramassant de l'argent pour des œuvres pies! »

Pour fuir la prison, notre homme dut voler de l'argent à son voisin et tuer la sentinelle; mais depuis lors il fut voué pour toujours au vagabondage. Comme le Juif errant, il allait du nord au sud, de l'est à l'ouest, avait visité Moscou, la Sibérie et le Caucase, annonçant la fin du monde, le royaume de l'Antechrist, engageant les hommes à fuir la société dépravée et plongée dans le péché. — Ne se montrant que la nuit, se cachant pendant le jour, il fut plusieurs fois jeté en prison, d'où il s'enfuyait; en chemin il convertissait une femme quelconque à sa foi, elle l'accompagnait dans ses pérégrinations en qualité de femme. Aux questions que lui adressaient les autorités, il répondait qu'il était un serviteur de Dieu, qui cherchait à sauver son âme des mains de Satan et de ses serviteurs, du péché qui régnait actuellement partout.

C'est un exemple typique du sectaire mystique, passant du mysticisme le plus pur à la dépravation, et du crime à la prière, à la recherche de la vérité et du salut.

# CHAPITRE IV

## LES CHRISTS.

Tandis que les « fuyards » se donnent le nom
de saints, de soldats de Jésus, et considèrent le
reste de l'humanité comme formé des serviteurs
de l'Antechrist, les adeptes d'une autre secte,
celle des « christs », ont découvert Dieu en eux-
mêmes et se sont appelés les fils de Dieu.

L'idée fondamentale de la secte des christs est
la conviction que la divinité est cachée dans
chaque homme. C'est pour cela que l'un des
principaux rites de la secte est l'adoration
mutuelle. L'adoration de l'homme, disent-ils,
est l'adoration de l'image de Dieu. L'homme
créé selon l'image de Dieu est le vrai Dieu, et
c'est lui qu'il faut adorer.

L'idée de la divinité cachée dans l'homme
s'unit chez eux à l'idée biblique de la personnification de Dieu dans Jésus-Christ. Puisque

Jésus-Christ, n'étant qu'un simple mortel, a mérité, grâce à sa sainteté, de devenir Dieu, chaque homme peut aspirer à une semblable transformation : tout homme peut devenir Christ, et toute femme la sainte Vierge, cela ne dépendant que de la profondeur de là foi, du degré de sainteté et d'extase religieuse.

Au moment de leur plus grande exaltation, qui s'accompagne de danses mystiques et de sanglots hystériques, le Saint-Esprit descend en eux et les transforme en hommes-dieux.

Les danses et sanglots sont un élément important dans la vie des sectes mystiques russes. Chez les christs, par exemple, c'est une danse sauvage, vertigineuse. Les christs se réunissent dans une chambre destinée à la prière; toute l'assistance s'assied sur des bancs, les hommes à droite, les femmes à gauche. Les plus pieux des sectaires, les apôtres, hommes et femmes, se placent en avant. La lecture de l'Écriture sainte est suivie de chants, de psaumes, de prières et de discussions sur des sujets religieux, pendant quatre ou cinq heures, jusqu'à minuit, où commencent les danses et les sanglots.

Tous les christs se lèvent alors, ôtent leurs vêtements et mettent tous, sans distinction de sexe, de longues chemises blanches et des bas de coton blanc. Puis on allume des cierges, chacun retourne à sa place, et tous en chœur commencent à chanter d'une voix plaintive et lente, ou à réciter une prière, dans laquelle revient sans cesse la phrase suivante :

« Seigneur! Seigneur! viens à nous, pour que nous puissions t'adorer et croire en toi. »

Le chant terminé, quelques personnes quittent brusquement leurs places et commencent à sauter et à danser. Peu à peu, tous les assistants se joignent à eux. Les hommes se mettent en rond, les femmes les entourent.

Les uns et les autres tournent en chantant et en frappant du pied en cadence, les hommes dans la direction du soleil, les femmes, en sens contraire. La vitesse des mouvements va s'accroissant, et avec elle la violence des sanglots.

Tout à coup, les rangs se rompent, et les christs se mettent à tourner sur place, chacun séparément, les hommes à droite, les femmes à gauche, avec une telle rapidité qu'on ne peut distinguer leur figure. Pendant ce temps, les sanglots sont de plus en plus bruyants.

L'exaltation des croyants augmente peu à peu, ils se mettent à courir et à tourner de tous côtés,

4.

à se poursuivre, à se pousser; ils tombent et se relèvent pour recommencer. Tout à coup, quelqu'un s'écrie :

« Il vient, il vient! le Saint-Esprit! »

Et alors les assistants inspirés de prophétiser, de réciter des vers, de siffler, de crier; d'où résulte, en général, un vacarme épouvantable.

Les *christs* racontent la légende suivante sur l'origine de leur secte. Autrefois, Dieu descendit sur la terre, à Jérusalem. Depuis lors, la foi dans le Christ a été ardente pendant un nombre considérable d'années; mais elle a fini par s'affaiblir. Plus tard, vint au monde l'Antechrist, qui anéantit définitivement la vraie foi.

Vers cette époque, dans le gouvernement de Kostroma, vivait un homme saint, nommé Philipoff, qui était plongé dans l'étude des livres sacrés. Un jour, inspiré par le Saint-Esprit, il prit tous ses livres et les jeta dans le Volga, disant que le salut n'était pas là, et que, pour être sauvé, il fallait savoir lire dans le livre qui est caché au fond de l'âme de chacun.

Un jour, Philipoff et ses adeptes s'étant réunis sur une montagne pour faire leur prière, le Seigneur apparut tout à coup au milieu des nuages dans un char de feu. Il pénétra dans le corps du pieux Philipoff, qui fut dès lors le dieu vivant et se mit à prêcher la vraie foi. Il donna à ses croyants une série de préceptes :

« Je suis le dieu que les prophètes ont annoncé; n'en cherchez pas d'autre. Ne buvez pas, jeunes gens, ne vous mariez pas; hommes mariés, vivez avec vos femmes comme avec des sœurs. Évitez les iniquités, vivez en paix les uns avec les autres. Cachez avec soin les dogmes de votre croyance et ne les trahissez pas, même en présence du knout, du feu et de la hache. »

Ces préceptes nous montrent que l'ascétisme forme la base de l'enseignement des christs. L'homme, disent-ils, a une âme et un corps. L'âme est l'œuvre de Dieu, elle est sainte et pure; tandis que le corps est créé par Satan. La viande, le tabac et les excitants de toute nature sont prohibés chez les *Christs*. Ils épuisent leurs corps par le jeûne, par des chaînes qu'ils portent souvent, par des danses religieuses, et souvent même par des flagellations cruelles.

Leurs tendances ascétiques se sont surtout fait jour dans leur théorie sur les rapports entre l'homme et la femme. Leur doctrine renie sans exception tout amour charnel, lors même qu'il est sanctionné par le mariage. Les christs considèrent la cérémonie du mariage et du baptême comme un péché et une profanation. Les hommes qui contractent des mariages ont voué leur âme à la perdition, selon eux.

Mais ceci n'existe qu'en principe. Souvent ils s'adonnent à la dépravation la plus effrénée, sous l'influence de leurs danses vertigineuses, leurs flagellations mutuelles et l'extase religieuse. La chair en révolte les pousse à des excès de toute nature. « L'amour charnel que nous éprouvons pour nos sœurs (car ils s'appellent sœurs et frères) est sanctifié par la présence parmi nous du Saint-Esprit », disent-ils pour se justifier.

Ainsi, en persécutant cette secte, la police découvrit à Moscou un repaire de christs où ils se réunissaient les jours de fête pour accomplir leur cérémonie religieuse. Des femmes et des hommes appartenant à toutes les classes de la société, des soldats, des moines, des marchands, etc., prenaient part à ces réunions.

Vêtus de chemises blanches, ceints de rubans rouges, ils brandissaient des essuie-mains en l'air, se tournaient dans la chambre, se flagellaient les uns les autres avec des verges parfois jusqu'au sang, cherchant par ces moyens à évoquer la présence du Saint-Esprit parmi eux. Ces cérémonies commençaient quelquefois de bon matin et duraient jusqu'à la nuit. Épuisés, ils se jetaient sur les lits, sur les bancs, par terre, pêle-mêle, hommes et femmes, et passaient la nuit dans la débauche.

Cette dépravation en masse, après les danses et les flagellations, est citée par tous les christs convertis. Voici le récit que fait un christ arrêté lors de son interrogatoire. Il raconte que les christs se posent en principe de vivre selon la loi de Dieu, de manger une nourriture simple, de ne pas chanter, de ne pas aller à la noce, ni à d'autres fêtes, de ne pas boire de vin, de garder le célibat, et de passer la vie dans la prière et dans l'accomplissement de cérémonies religieuses. En quête de vérité, et voulant sauver son âme, il décida de se joindre à cette secte.

On l'emmena chez le supérieur de la communauté des Christs, qui se mit à lui évoquer comment il devait vivre, causa longuement avec lui, lui lut des prières et l'Évangile. Persuadé qu'il cherchait sincèrement le salut de son âme, le supérieur donna l'ordre de le recevoir. Une réunion fut fixée, et le nouveau venu fut confié à une jeune fille qui devait être sa marraine.

Vêtu d'une chemise blanche, un cierge allumé à la main, il fut introduit par sa marraine dans une salle où les sectaires tous réunis étaient assis, tenant des cierges allumés. A l'exemple de sa marraine, il s'inclina profondément devant l'assemblée. Tout le monde se leva.

S'approchant du supérieur, la jeune femme s'inclina trois fois et dit en montrant le nouveau venu :

« — Cet esclave de Dieu cherche le salut de son âme. »

Le supérieur lui dit d'avancer, lui fit un long discours, lui ordonnant de prêter serment qu'il exécuterait toutes les prescriptions de la communauté, qu'il lui serait dévoué corps et âme, et qu'il garderait le secret le plus absolu sur tout ce qu'il verrait et entendrait.

L'assemblée ayant assisté au serment, les prières et les cérémonies religieuses commencèrent. Tout le monde se mit à tourner avec une rapidité vertigineuse. D'abord chacun des assistants tourna sur le talon du pied droit en augmentant toujours de rapidité; puis, placés en rang le long des murs, ils se mirent à courir pieds nus les uns après les autres, en faisant un cercle. Ils s'arrêtaient, sautaient, se flagellaient les uns les autres, faisaient des contorsions et reprenaient leurs courses. Au milieu des sectaires, se tenaient les chefs des christs, les prophètes, honorés de l'inspiration céleste, et les vierges; sautant, ils faisaient des contorsions et jetaient des cris et des exclamations incompréhensibles.

Au milieu de rires effrénés, de hurlements, de sanglots, on entendait les paroles suivantes : Oh! Dieu! oh! Roi, Sauveur! Esprit, Esprit! Oh!!!!... Les sectaires avec leurs larges chemises blanches sur le corps nu, les figures pâles, les cris sauvages et la demi-obscurité, tout ce tableau faisait l'effet d'une danse macabre, et le nouveau venu en fut terriblement frappé.

Les danses se terminèrent par des courses effrénées, les hommes et les femmes s'arrachaient leurs vêtements, se jetaient par terre, marchaient à quatre pattes, s'asseyaient à cheval les uns sur les autres et s'adonnaient à la dépravation. Un fait à remarquer, c'est qu'il y a beaucoup de femmes parmi les christs. Dans un de leurs repaires, la police trouva en 1845 près de cent jeunes filles qui se livraient à l'extase religieuse et à la dépravation.

Cette promiscuité n'est au fond que la révolte de l'homme contre le célibat ; mais c'est aussi un reste d'ancien paganisme, de l'ancien culte de la nature qui n'a pas encore disparu dans le peuple. Ainsi, dans les cérémonies religieuses des christs, l'adoration de la sainte Vierge dans la personne d'une femme joue un grand rôle. On proclame comme sainte vierge, ou plutôt *nièce de Dieu*, une femme belle, robuste et intelligente. Cette femme est, aux yeux des christs, la personnification de la Divinité ; de plus, elle est l'emblème de la force génératrice.

Cette idée nous rappelle l'antique adoration de la Terre déesse. En effet, dans leurs chants et leurs prières, les christs glorifient la terre mère, qu'ils identifient souvent avec la sainte Vierge. Cette jeune et belle femme joue parfois le rôle d'une prêtresse dans le service religieux des christs. Ils se prosternent devant elle, l'embrassent et la glorifient.

Un observateur décrit la cérémonie de la sainte communion chez les christs en ces termes :

« On choisit une belle jeune fille, qui revêt des vêtements d'une couleur éclatante, et on la conduit dans un souterrain. Une heure plus tard, elle en sort, portant solennellement sur la tête un plateau avec du raisin sec. Elle s'approche des croyants réunis et chante trois fois de suite une prière; puis elle distribue à chacun un grain de raisin, qui remplace l'hostie. »

La femme joue, en général, un rôle important dans la secte des christs, et jouit des mêmes droits que les hommes. Elle est considérée comme une sœur, et souvent elle devient « vierge Marie » (mère de Dieu). Ces mères de Dieu exercent une grande influence et sont très-respectées; on se prosterne devant elles, on les consulte, et si elles mettent au monde des enfants (ce qui est fréquent), les garçons sont considérés comme des *petits Jésus,* et les filles comme des *vierges Marie.*

Ce principe de déification de la femme a reçu son plus grand développement dans la secte des skoptsy, qui est une variété de celle des christs, et dont nous allons nous occuper dans le chapitre suivant.

# CHAPITRE V



La secte des christs a produit une variété de
sectaires, connus sous le nom de Skoptsy (mutilés ou mutilateurs). Les skoptsy ont les mêmes
principes de morale, les mêmes dogmes, les
mêmes rites et le même mysticisme que les
christs. La principale différence entre ces deux
sectes est la suivante : les skoptsy, persuadés
qu'aucun précepte, si sévère qu'il soit, ne peut
maintenir l'ascétisme et la pureté des mœurs, et
étouffer les besoins physiologiques de l'homme,
ont recours à la castration, pour tuer la chair et
sauver l'âme.

Les skoptsy, au point de vue dogmatique, ne
sont donc pas une secte distincte, et l'on peut les
envisager plutôt comme un groupe ascétique de
la secte des christs. Ayant pris naissance au
milieu du dix-huitième siècle, ce groupe se déve-

loppa considérablement au commencement du dix-neuvième siècle, malgré les persécutions. Des centaines de paysans de la Russie centrale, sous l'influence de l'exaltation religieuse, se mutilaient, eux et leurs familles, hommes, femmes et enfants.

Cette mesure extrême de salut fut toujours précédée d'un état psychique tout particulier : l'homme commençant à s'adonner à la prière, au jeûne, devenant mécontent de ce qui l'entoure, méfiant, recherchant enfin la solitude et rêvant d'entrer dans un couvent.

Dans le cours d'un procès où les accusés étaient des skoptsy, l'un d'eux, le paysan Brumine, raconta comment il était arrivé à accepter la castration. Il commença par éprouver du dégoût pour la viande et vivait en solitaire dans le jeûne. Des hallucinations étranges le hantaient jour et nuit, des anges et des démons se battaient pour avoir son âme. Bientôt il voulut entrer dans un couvent, mais ses parents s'y opposèrent. Tout entier à cette idée de sauver son âme, il ne rêvait plus que sacrifices et œuvres pieuses.

Un jour, en se promenant dans la forêt, il rencontra un moine pèlerin qui le pria de le

conduire jusqu'à la grande route. En l'accompagnant, Brumine lui parla de ses peines et de
ses rêveries.

Le pèlerin l'écouta avec attention et lui dit :

— Si tu veux te sauver, tu dois tuer la chair.

Brumine consentit à en finir à tout jamais avec
cette chair qui était un obstacle à son salut.

Le moine alors, séance tenante, lui fit l'opération et disparut, le laissant baigné dans son sang
et sans connaissance.

Ce n'est que vers le matin que Brumine revint
à lui et qu'il put se traîner jusqu'à sa maison.
On découvrit alors que ce même moine avait
mutilé plus de dix-huit personnes, parmi lesquelles plusieurs enfants.

Le dogme fondamental des skoptsy consiste
dans l'ablation des organes génitaux qui sont le
réceptacle du diable, la source principale du
péché. L'opération de la castration se fait de
différentes manières. Elle consistait autrefois
dans l'ablation des testicules avec une partie du
scrotum, que l'on sectionnait au moyen du fer
rouge. Plus tard, le fer rouge fut remplacé par
des instruments tranchants, tels que : rasoir,
faux, couteau, etc.; le fer rouge ne servait que
pour arrêter l'hémorrhagie; cependant ils em-

ployaient aussi dans ce but d'autres moyens, tels que : des bandes de toile, des pommades spéciales, de l'eau froide, etc.

Ce genre de castration qui consiste à priver l'individu de ses testicules s'appelle le *petit sceau* ou le *premier degré de pureté*. Mais comme une castration de ce genre n'élimine pas le désir et les rapports sexuels, les fanatiques, pour conserver la pureté parfaite, se font l'ablation complète de l'organe mâle. Cette opération porte le nom de *second sceau* ou *second degré de pureté*, d'un ordre plus élevé.

Outre ces moyens connus de castration, les personnes qui ont eu l'occasion d'observer les skoptsy en citent encore d'autres, employés plus rarement. Il existe dans les provinces centrales de la Russie un groupe spécial de skoptsy qui ne font pas l'ablation des organes génitaux. Dès leur plus tendre enfance, ils se tordent le cordon qui est en rapport avec les testicules et détruisent ainsi toute communication entre eux et le reste du corps.

On rencontre chez les *femmes skoptsy* les stigmates suivants de castration : 1° l'ablation par les instruments tranchants ou le fer rouge du mamelon des deux seins ou d'un sein seulement; 2° l'ablation du sein au complet ou des deux seins, de sorte qu'à leur place ne reste qu'une cicatrice; 3° les différentes cicatrices symétriques sur les deux seins; 4° l'ablation des petites lèvres, des grandes lèvres, du clitoris, ou bien de tous ces organes à la fois.

Ces opérations se font avec des couteaux, des ciseaux ou des rasoirs. Il est à remarquer que les mutilations des organes génitaux externes des femmes ne sont pas un obstacle absolu aux rapports sexuels et même à la grossesse. On connaît beaucoup de cas de grossesse chez les femmes skoptsy; quelques-unes d'entre elles se sont même prostituées. Certains auteurs supposent qu'on extirpe parfois les ovaires. Mais cette supposition n'est appuyée sur aucun fait bien observé. D'ailleurs, il serait difficile de l'admettre, si l'on considère les instruments primitifs employés par les skoptsy et leur ignorance en médecine.

La castration se produit dans des endroits mystérieux, dans des maisons isolées et bien gardées. Quelquefois les skoptsy racontent à l'interrogatoire qu'ils avaient subi l'opération dans une maison de bains, au cabinet, dans un fossé, dans une forêt. Le récit suivant d'un des skoptsy les plus connus, Birioukoff, renferme des détails intéressants sur la manière d'opérer la castration et les cérémonies qui l'accompagnent.

« Lorsque j'ai consenti à être châtré, dit-il, le grand maître m'ordonna de monter sur le four pour m'y réchauffer. J'y montai, et j'y restai jusqu'à ce que je me mis à transpirer. On m'ordonna alors de descendre, de me déshabiller. Le maître m'examina, rasa les poils autour de la verge, et attacha le scrotum au-dessus des testicules avec une ficelle qu'il serra très-fort. En une seconde il coupa les deux testicules : il put à peine me retenir sur pieds, le sang coulait à flots... »

Il fut longtemps malade après l'opération, et dut garder le lit. Lorsqu'il se rétablit, le maître lui persuada de se faire donner le second sceau de sainteté, c'est-à-dire de consentir à l'ablation de la verge. Malgré la terreur qu'éprouvait Birioukoff à l'idée même de cette opération, il avait tellement foi dans son maître qu'il finit par y consentir. Celui-ci lui coupa alors la verge avec un rasoir. Birioukoff, terrifié, tomba évanoui.

« Lorsque je repris connaissance, raconte-t-il, j'éprouvais une douleur terrible. La douleur persista pendant plusieurs semaines, le sang coulait, et ce n'est qu'au bout de deux mois que je pus quitter le lit et marcher. »

Plusieurs skoptsy racontent, à l'interrogatoire, qu'on leur fait l'opération lorsqu'ils se trouvent sans connaissance à la suite d'un anesthésique quelconque qu'on leur a donné, ou bien sous l'influence de l'alcool. Quelques-uns disaient même qu'ils avaient été châtrés de force : après leur avoir attaché les bras et les jambes, et les avoir étendus sur un banc en forme de croix, on les opérait.

Un prisonnier, en Sibérie, a raconté que dans l'izba de l'un des chefs de la secte, l'opération de la castration se faisait de la manière la plus barbare. Des anneaux en fer étaient fixés aux murs, on y passait les bras et les jambes du prosélyte, et, dans cette position, on l'opérait.

Nous avons dit plus haut que les prières et les cérémonies religieuses des skoptsy sont les mêmes que chez leur prototype, les christs. Il y a cependant quelques particularités. La danse vertigineuse atteint, chez eux, les dernières limites de rapidité. Des témoins oculaires racontent que, pendant leur danse, les skoptsy présentent un spectacle surprenant qui produit une impression terrible.

Il y a, parmi les skoptsy, des danseurs qui sont passés maîtres dans l'art de se tourner comme les ailes d'un moulin à vent; ils le font avec une rapidité extrême; leurs cheveux se dressent par suite de la rapidité du mouvement, les chemises s'envolent, et le tout ne forme qu'une masse tournante. Les fanatiques sont couverts de sueur, qui coule avec une telle abondance qu'elle finit par former des flaques sur le plancher.

Pâles, défaits, ils finissent par se jeter à terre, pêle-mêle, les uns sur les autres... Le lieu isolé où se passent ces prières, les costumes blancs des sectaires, l'obscurité, les cris et les sanglots qui accompagnent les danses produisent une impression terrible.

Les prières des skoptsy commencent ordinairement tard dans la soirée, et continuent quelquefois jusqu'à l'aube. Elles ont lieu dans des maisons isolées, construites à la manière d'auberges, entourées d'un mur élevé et de bâtisses qui cachent la maison aux yeux des curieux. Il y a beaucoup de portes et de fenêtres pour faciliter l'évasion, en cas d'une descente de police. Pendant les prières, on place des gardiens à une certaine distance de la maison, qui, à la moindre alerte, donnent l'alarme.

5.

Les murs de ces chapelles des skoptsy sont couverts de tableaux à sujets mystiques et allégoriques, tels que l' « OEil omnivoyant », entouré d'anges qui voltigent; en bas du tableau, Adam et Ève applaudissent les anges; ou bien, un adolescent sur lequel descend la bénédiction du Saint-Esprit; un ermite crucifié, avec un cadenas suspendu aux lèvres; le cœur est mis à nu, dans les mains une coupe enflammée, etc.

Si l'on juge d'après les apparences, d'après les lois que prêchent les skoptsy, d'après les traits dont ils se caractérisent eux-mêmes, ce sont des gens éminemment tranquilles, naïfs et simples, qui se sont voués exclusivement au salut de leur âme. Mais en y regardant de plus près, on aperçoit, sous cet extérieur simple et bonasse, des passions très-fortes, de la ruse, de la rapacité, de la dépravation, et, avec tout cela, un ensemble d'ignorance primitive du sauvage, le délire d'un aliéné sujet aux hallucinations les plus invraisemblables.

Plusieurs écrivains, le baron Gaxhausen entre autres, prétendent que chez certains groupes de skoptsy la cérémonie de la communion se fait de la manière suivante :

« Pendant la prière, on met une jeune vierge

de quinze à seize ans dans un bain tiède. De vieilles femmes s'approchent d'elle, lui font une incision profonde au sein gauche et en font l'ablation ; elles arrêtent l'hémorrhagie avec une adresse merveilleuse.

« Ensuite le sein est mis sur un plat, coupé en petits morceaux et distribué parmi les assistants, qui mangent chacun sa part. On retire ensuite la jeune fille du bain, et on la place toute nue sur une élévation. Toute l'assemblée se met alors à danser et à chanter autour d'elle. La danse s'anime de plus en plus, et devient du délire ; les cierges s'éteignent tout à coup, et alors commencent des scènes qui surpassent tout ce que l'on a décrit dans l'antiquité païenne. »

Ces vierges Marie sont élues par inspiration. On attire dans les « Vaisseaux » (c'est ainsi qu'on appelle les communautés des skoptsy) une jeune fille pure, atteinte d'attaques d'hystérie, et exaltée. On la considère alors digne de remplir le rôle de la Vierge, et on l'entoure d'égards. Quand on trouve que la jeune fille est assez préparée à ce rôle, on la déshabille toute nue, on l'assied sur un lieu élevé au-dessous de l'image sainte, on se prosterne devant elle jusqu'à terre, et on lui baise les mains, les pieds, les seins..., en l'appelant Mère de Dieu, Reine des cieux, en la suppliant de permettre qu'on communie avec son sang, et en dansant autour d'elle au son des chansons religieuses.

Dès ce moment le « Vaisseau » entoure la jeune fille de respects et d'hommages, la considérant comme la Vierge. On lui fait des cadeaux, on la soigne, et lorsqu'on s'aperçoit qu'elle est enceinte, on convoque une assemblée, et l'on accomplit la cérémonie de la communion que nous avons décrite plus haut.

Si la jeune fille, ainsi mutilée, met au monde une petite fille, cette dernière deviendra avec le temps une Vierge à son tour. Si c'est un garçon, on le nomme Fils de Dieu, petit Jésus. Plusieurs écrivains prétendent que les sectaires prennent un de ces petits Jésus le huitième jour de sa naissance, lui enfoncent un couteau dans le côté gauche, lui ouvrent le cœur, et communient de son sang encore tout chaud. Ils font sécher, dit-on, le corps, le transforment en poudre et fabriquent ainsi les hosties sacrées.

Les croyances et les espérances de cette secte se concentrent dans un être mystérieux qui se trouve toujours parmi eux, et qu'ils qualifient de différents noms, qu'ils appellent « Fils de Dieu », rédempteur et fondateur de leur secte. Ce rédempteur, selon eux, c'est un certain vieillard, Selivanoff, fondateur de la secte, qui avait été exilé encore au siècle dernier en Sibérie, pour s'être fait châtrer.

Dans leurs rêves absurdes, ils prétendent que ce vieillard était le fils de l'impératrice Élisabeth Petrovna, qui, étant vierge, mit au monde le Rédempteur dans la personne de l'empereur Pierre III. Celui-ci, ayant atteint la puberté, se fit châtrer de son plein gré. Lorsque son épouse, l'impératrice Catherine, apprit qu'il ne pouvait remplir ses devoirs d'époux, elle résolut de l'assassiner; alors Pierre III s'enfuit, déguisé en soldat. Il se cacha pendant très-longtemps, voyagea en Russie, et, après bien des souffrances, arriva enfin à Moscou, où il groupa autour de lui les croyants, fonda l'église des skoptsy, et s'en alla à l'étranger sous le nom de Selivanoff.

Longtemps après, l'empereur Paul Ier monta sur le trône. Ayant appris que son père était le Christ et qu'il portait le nom de Selivanoff, l'Empereur le fit venir, causa avec lui religion, et lui demanda s'il était réellement son père.

Le Christ Selivanoff répondit qu'il le reconnaîtrait comme son fils si l'Empereur se convertissait à la vraie religion, et s'il se faisait châtrer. L'Empereur se fâcha, et ordonna d'enfermer le Sauveur dans une maison de fous.

Le Rédempteur y vécut jusqu'à l'avénement d'Alexandre Ier. On le mit alors en liberté, et il resta à Pétersbourg sous le nom de Selivanoff, prêchant sa religion, et ayant des relations avec des personnages haut placés.

Tout ce qu'il y a d'exact dans cette fable invraisemblable, c'est qu'à cette époque de mysticisme, des personnes haut placées, des princes, des ministres, des courtisans s'enthousiasmaient pour la religion de Selivanoff, fréquentaient les réunions et les cérémonies religieuses des skoptsy, et même les consultaient.

Les skoptsy racontent de plus que l'empereur Alexandre Ier se joignit à leur secte, qu'il se fit châtrer, ainsi que son épouse. Mais bientôt, sous l'influence d'intrigues, il chassa les skoptsy, et exila le Christ Selivanoff en Sibérie, où il vit jusqu'à nos jours, attendant que son heure sonne.

— Le Rédempteur, disent les skoptsy, apparaîtra de nouveau, et avec plus d'éclat et de gloire que jamais. A la tête d'une grande armée, il occupera Moscou. Il sonnera la cloche de la cathédrale, et appellera devant son tribunal les morts et les vivants. Tous les rois et les seigneurs de ce monde viendront déposer leurs couronnes à ses pieds, et demanderont grâce. Après avoir répandu sur la terre la vraie religion, la paix et le bonheur, le sauveur Selivanoff montera au ciel.

Les skoptsy racontent que la venue de l'Antechrist sur la terre eut lieu au commencement de ce siècle, sous la forme de Napoléon Ier, fils illégitime de Catherine II, qui l'envoya en France dans son enfance encore, où, grâce à son intelligence, il devint empereur. Les skoptsy sont persuadés que Napoléon vit toujours, et qu'il se cache en Turquie. Au jugement dernier, il viendra de nouveau; il se convertira à la vraie religion, c'est-à-dire qu'il se fera châtrer et deviendra par conséquent un saint.

En apprenant à connaître les étrangetés de cette secte, on se pose involontairement la question suivante : N'avons-nous pas affaire à des aliénés? Nous ne prenons pas sur nous de répondre à cette question au point de vue scientifique, nous nous bornons à citer les observations des médecins qui ont étudié l'état psychique des skoptsy.

« On n'a pas découvert, jusqu'à présent, chez

les skoptsy, chez les autres sectaires, des anomalies spéciales du cerveau, de ses enveloppes, des os du crâne, comme on en rencontre chez les aliénés. En dehors de leur religion, dans la vie de tous les jours, ils montrent beaucoup de bon sens, et ne se distinguent en rien des autres mortels. On n'observe chez eux ni désordres psychiques, ni délire, ni hallucinations. Ordinairement ils jouissent d'un bon appétit, ont le sommeil tranquille, et tous les phénomènes physiologiques de la vie sont normaux. On rencontre naturellement parmi eux des aliénés comme dans tout autre milieu, mais ils sont relativement très-rares. »

Au contraire, dans la vie ordinaire, les skoptsy manifestent une activité surprenante; leur économie va souvent jusqu'à l'avarice, mais ils savent se plier aux circonstances et de venir généreux et aimables.

Malgré leur profond fanatisme religieux, les skoptsy se distinguent par une adresse remarquable dans les questions pratiques de la vie : ils savent très-bien arranger leurs affaires, et gagner des sommes considérables par le commerce, auquel ils se livrent dans le but de propager leur doctrine.

Leur prosélytisme ne se limite pas seulement à une propagande religieuse et morale, qui n'agit que sur les natures exaltées ou maladives ; outre la promesse de la béatitude céleste, ils mettent, au besoin, en œuvre la corruption, les menaces, et n'hésitent même pas à employer la force. Grâce à l'étendue de leurs relations commerciales, ils sont à même de prendre à leur service une masse d'indigents, hommes, femmes et enfants, et, les tenant sous leur dépendance morale et matérielle, ils les convertissent à leur doctrine en partie par la force, en partie par la persuasion.

Les skoptsy s'attachent surtout à la conversion des enfants, auxquels ils cherchent à inspirer, dès leur bas âge, la nécessité de tuer la chair. On a remarqué que les skoptsy exercent une influence illimitée sur leurs adeptes, et qu'ils savent les réduire à l'état d'automates obéissants et dévoués à leurs maîtres. Un enfant qui est resté pendant un certain temps avec les skoptsy s'inspire profondément de l'esprit de la secte, à tel point qu'aucune exhortation ne peut l'obliger à en dévoiler les rites et à trahir ses maîtres. Devant le tribunal, ils restent muets ou montrent une habileté digne de vrais fanatiques.

Cette influence des skoptsy est tellement puissante, qu'on a eu des exemples d'enfants de douze à quatorze ans qui se mutilaient eux-mêmes.

Les skoptsy sont plus nombreux dans les grands centres de commerce, tels que Moscou, Pétersbourg, Odessa, Saratov, quelques localités de la Bessarabie, et en Sibérie, où le gouvernement les exile de préférence. Ils sont connus pour leurs fortunes colossales, et les grandes villes servent de centres pour leurs opérations commerciales, et de point de réunion pour leurs membres influents et leurs directeurs religieux.

Ils se mettent en relation avec leurs partisans disséminés dans différents endroits de la Russie, leur envoient des secours d'argent, se tiennent au courant de toutes les affaires concernant la secte. Pour cela, les skoptsy ont rarement recours à la poste; ils préfèrent employer des facteurs spéciaux et des commissionnaires à leur service, qui voyagent d'un endroit à l'autre et font verbalement les communications nécessaires. En général, pour cacher le but de leur voyage, ces commissionnaires ne sont pas châtrés; ce sont tout simplement des gens dévoués à la cause, où bien des personnes qui ont intérêt à servir les skoptsy.

Dans ces dernières années, il y eut une série de procès contre les skoptsy à Moscou, à Tambov, à Kalouga, à Samara et en Crimée. En 1868 eut lieu, à Morchansk, le procès célèbre du riche marchand Plotitsine, membre influent de la municipalité.

Riche, heureux dans ses opérations commerciales, il se disait orthodoxe. Il construisait des églises et fondait des hôpitaux et des asiles, mais secrètement faisait de la propagande pour la castration.

Certaine nuit, la police pénétra dans les cinq maisons de Plotitsine, situées sur la plus belle place de la ville, et y fit une perquisition minutieuse. On y trouva deux millions de francs, et l'on arrêta quarante personnes, dont neuf femmes, qui habitaient la maison de Plotitsine, et qui étaient entretenues par lui. Toutes ces personnes étaient châtrées et mutilées, à l'exception du chef, Plotitsine.

On trouva sous la maison une cave spacieuse, ayant une porte en fer : c'est là qu'on faisait subir aux prosélytes la castration volontaire ou forcée. Dans cette cave, les cris ne pouvaient pas être entendus au dehors, et ceux qui mouraient des suites de leurs blessures y étaient enterrés.

En 1871 comparut devant le tribunal de Moscou un autre groupe de skoptsy, dont les chefs étaient les riches marchands Koudrine. Les accusés étaient au nombre de vingt-huit, dont vingt-trois femmes de différents âges.

L'instruction dévoila les détails suivants : pendant l'été de 1869, le chef de police du district de Bogorodsk fit un rapport au procureur du tribunal de Moscou qu'un skopets du nom de Nikita Koudrine habitait le village de Kochelevka, que son frère Dmitri Koudrine et beaucoup d'autres personnes venaient souvent de Moscou le voir. Les Koudrine possédaient dans ce village un haras qui ne leur servait que comme moyen de propagation de la secte à laquelle ils appartenaient tous.

Après leur arrestation et l'examen médical des frères Koudrine, on constata que tous les trois étaient châtrés; Nikita et Dmitri n'avaient subi que la première opération, c'est-à-dire l'ablation des testicules, tandis qu'André avait subi la castration complète. D'après l'examen des cicatrices de l'organe génital de Koudrine, les

médecins conclurent que l'ablation des testicules et de la verge n'avait pas été faite à la
même époque, et que l'ablation des testicules
avait précédé celle de la verge.

L'instruction dévoila que les frères Koudrine
étaient en même temps les principaux propagateurs de la secte des skoptsy à Moscou et dans les
provinces environnantes. Étant dans leur jeunesse de simples ouvriers, les frères Koudrine
firent à Moscou la connaissance de la fille d'un
skopets, le lieutenant Mikhaïloff, Catherine Mikhaïloff, et devinrent commis dans sa maison.
Ils y firent très-rapidement fortune, bâtirent des
maisons, achetèrent un atelier de photographie
où se préparaient les différents objets pour la
propagande de l'enseignement des skoptsy.
Beaucoup d'hommes et de femmes skoptsy venaient s'y faire photographier; on y conservait
les différents instruments pour la castration, des
pommades, des plantes médicinales et les objets
dont on se servait pour les cérémonies religieuses.

Dans une perquisition que l'on fit dans la
maison des Koudrine à Moscou, on y trouva
plusieurs jeunes filles avec des signes de castration qui consistaient dans des cicatrices aux deux

seins. En outre, un témoin, un ancien skopets, raconta que la maison Koudrine était un centre de réunion des skoptsy où s'accomplissaient les prières, les cérémonies, les danses, qui duraient souvent jusqu'à l'aube. Koudrine, dans ces réunions, jouait le rôle de prophète.

Interrogé à son tour, Koudrine raconta que son père était skopets, et que tous ses frères étaient châtrés. Quant à lui, son père l'avait châtré à l'âge de dix ans, l'assurant qu'il serait son fils bien-aimé et que cet acte serait agréable à Dieu. En outre, il le fit jurer de ne dévoiler ce secret à personne, de ne pas boire de vin, de ne pas manger de viande et de ne pas fumer.

Un autre témoin raconta que la maison des Koudrine était en effet un centre de propagande, que lui-même (le témoin) et son ami avaient voulu se joindre à cette secte, parce qu'on donnait beaucoup d'argent à ceux qui se faisaient châtrer. Ainsi, on donna à un marchand de Pétersbourg 60,000 roubles et une maison pour se laisser châtrer.

Une des femmes qui vivaient chez Koudrine raconta qu'on lui avait persuadé de se laisser châtrer, lui promettant beaucoup d'argent, avec le bonheur du paradis.

Dans toutes les perquisitions que l'on fit dans d'autres maisons on a découvert que les propriétaires, principalement des femmes, avaient des relations avec les Koudrine. On y trouva partout beaucoup de femmes et de jeunes filles qui, sous prétexte de travailler comme ouvrières dans les fabriques de rubans installées dans ces maisons, étaient tout simplement des sectaires.

Toutes ces femmes avaient des stigmates de castration sur les seins et les organes génitaux. Elles vivaient en recluses, ne voyaient personne, ne mangeaient pas de viande, et accomplissaient les cérémonies mystérieuses auxquelles les domestiques eux-mêmes n'étaient pas admis.

Chez l'une de ces jeunes filles, la paysanne Pélagie, on trouva les grandes lèvres coupées; une jeune fille de douze ans avait les seins coupés, etc. Dans des coins retirés de toutes ces maisons, la police trouva des instruments de castration, des costumes blancs, des hosties qui leur servaient pour la communion, différents tableaux allégoriques, des portraits de leurs prophètes, etc., etc.

En 1878, étaient traduits devant le tribunal de Simféropol, en Crimée, cent trente skoptsy, ouvriers, riches marchands et petits bourgeois.

Les femmes en formaient plus de la moitié; il y avait des enfants de dix à quinze ans. Toutes ces révélations soulevèrent l'indignation publique, et les sectaires furent condamnés à la déportation dans la Sibérie orientale et privés de tous leurs droits civils et de tous leurs biens.

Il paraît que dans ces derniers temps le nombre des skoptsy diminue dans les différentes régions de l'Empire. Tout dernièrement un groupe se sépara de la secte des skoptsy, en prenant le nom de « skoptsy spirituels ». Ce groupe repousse la castration physique, prêchant l'abstention des rapports sexuels. C'est pour cela que dans un des derniers procès beaucoup d'accusés n'étaient pas châtrés.

# CHAPITRE VI



Malgré toutes ses horreurs, la secte des skoptsy se maintient avec persistance en Russie et va en augmentant ou en diminuant, selon les circonstances. Il faut chercher l'explication de ce phénomène dans les manifestations maladives de la nature humaine, qui, sous l'influence de certaines conditions, passe d'une extrémité à l'autre, depuis la dissolution la plus grande jusqu'à l'ascétisme le plus sévère, dans son aspiration vers l'idéal et la perfection morale. Une cause non moins importante, c'est la névrose collective, qui est toujours inhérente aux masses incultes et qui les pousse au pessimisme et au désespoir. C'est à ces causes qu'il faut attribuer toute une série de groupes religieux dont il va être question maintenant.

Ces groupes sectaires prêchent que le monde

6

s'écroule et périt. Il faut donc au plus vite quitter cette vie de mensonge et de péché; il .faut mourir. A tous ceux qui consentent à abandonner la vie, ils promettent la délivrance des tourments éternels et les délices du paradis.

Les chants sont caractérisés par un désespoir morne, par la haine de la vie; en voici un exemple :

« Il n'y a pas de salut dans ce monde, non!

« La flatterie seule gouverne tout, la flatterie.

« La mort seule peut nous sauver, la mort seule.

« Il n'y a même pas de Dieu en ce monde, il « n'y en a pas!

« Impossible de compter le nombre des folies, « impossible, etc., etc. »

Dans ces dernières années, les journaux russes racontaient que l'on avait vu apparaître, dans maints endroits, des fanatiques exaltés, qui disaient dans leurs prédications que le seul moyen de salut était la mort. Cette propagande ne se limitait pas seulement aux paroles; voici comment certains sectaires se débarrassent de la vie :

« Le prosélyte exprime son désir de mourir. On le mène dans une izba inhabitée, où le prédicateur seul l'accompagne en lisant des psaumes. Au bout de quelque temps, la porte s'ouvre, et *l'emblème de la mort sanglante* se présente : c'est un homme robuste, de grande taille, en chemise rouge, et qui tient un coussin sur la tête du condamné à mort, s'assied dessus et reste dans cette position jusqu'à ce que le malheureux fanatique soit asphyxié. »

Au commencement de ce siècle, on rencontrait sur les bords de la Volga un grand nombre de prédicateurs de différents schismes qui exhortaient le peuple à mener une vie nouvelle et prêchaient le salut. Parmi ces apôtres, un moine nommé Falaley jouissait d'une réputation considérable.

Il vivait dans une forêt et occupait tout son temps à prier, à lire des livres saints et à discuter religion avec les personnes qui venaient le voir. L'Antechrist règne sur le monde, disait-il. L'homme n'a pas d'autre moyen de salut que le suicide. Il devient impossible de continuer à vivre dans ce monde de péché et de mensonge : il faut mourir pour le Christ.

Cet enseignement sombre trouva une foule d'adeptes qui ne demandaient qu'à mourir pour le Christ. Une nuit, quatre-vingt-quatre personnes se réunirent dans un souterrain préparé d'avance près de la rivière Pérévozinka. On y avait entassé de la paille et des fagots afin de pouvoir périr dans les flammes, si la police arrivait à découvrir leurs projets.

Ces préparatifs faits, les fanatiques commencèrent à jeûner et à prier. Heureusement l'une des femmes présentes, qui eut des doutes sur l'efficacité du suicide, profita de l'obscurité de la nuit pour se cacher et fuir. Elle accourut au village et raconta aux autorités ce qui était arrivé. Les habitants se rendirent au souterrain ; l'entrée était gardée par un des sectaires, qui donna l'alarme :

— L'Antechrist s'approche ! Sauvez-vous !

— Ne nous rendons pas vivants aux mains des ennemis ! criaient les fanatiques, en mettant le feu à la paille.

Les paysans essayèrent d'éteindre les flammes. Un bagarre terrible s'ensuivit. La police et les paysans s'efforçaient d'arracher aux flammes ces malheureux. Ceux-ci se défendaient, luttaient avec leurs sauveurs, se jetaient de nouveau dans le feu, se massacraient à coups de hache.

— Nous mourons pour le Christ ! entendait-on de tous côtés.

Cependant on parvint à en sauver un certain

nombre et à les remettre entre les mains de la
police. Les principaux chefs et les instigateurs
furent jetés en prison ou envoyés dans des villes
éloignées, mais ils n'en continuèrent pas moins
à répandre leur enseignement dangereux.

L'un des condamnés, le paysan Souckhoff,
s'enfuit de la prison et continua à propager les
idées de renoncement au monde et de suicide.
Cette propagande eut un grand succès. Plus de
soixante personnes de la même localité décidèrent de se donner volontairement la mort.
Dans le nombre il y avait des familles entières,
pères, mères, enfants.

Ce ne fut plus la forêt qu'ils choisirent pour
réaliser ce dessein, mais à un jour fixé d'avance
le massacre eut lieu dans les izba des paysans.
Le paysan Petroff pénétra dans la maison de son
voisin Nikitine et tua sa femme et ses enfants.
Puis, toujours armé de sa hache, il entre dans la
grange où l'attendent d'autres paysans avec
leurs femmes. Ils mettent leur tête sur le billot,
et Petroff remplit le rôle de bourreau. Il se dirige
ensuite vers une autre izba, celle de la paysanne
Vassilieff, la tue, ainsi que ses deux parentes,
pendant qu'un complice tue leurs enfants.

Ce dernier met à son tour la tête sur le billot,

priant son camarade de la lui trancher; ce dernier adhère à cette prière sans la moindre hésitation. Petroff, à son tour, est tué par le paysan Souckhoff. Trente-cinq personnes périrent de la sorte.

Une femme qui passait par là fut épouvantée à la vue de ce spectacle et courut donner l'alarme.

Dans la seconde moitié de ce siècle, les massacres en masse sont plus rares; mais ils n'ont pas complétement disparu. En voici un cas.

En 1857, dans le gouvernement de Perm, au delà de la rivière Kama, au fond des forêts, se passa un drame horrible, dont le principal acteur était un paysan nommé Pierre Chadkine. Il avait une certaine instruction et passait la plus grande partie de son temps à lire des livres pieux, qu'il expliquait à sa manière : il conclut bientôt que la fin du monde devait être proche.

Il s'affermissait de plus en plus dans ces idées en contemplant l'état peu satisfaisant des choses : d'un côté, l'abaissement du niveau moral chez le peuple, l'ivrognerie, les mœurs relâchées; d'un autre côté, les violences et les persécutions des autorités, qui traitaient le peuple comme un troupeau de bêtes. Chadkine finit par se persuader que le seul moyen de sauver l'âme était de fuir le monde, de se cacher dans une forêt et d'en finir avec cette vie de péchés et d'ignominies.

Il ne cachait pas ses idées à ses voisins, et il eut bientôt des adeptes dévoués. Ses premiers élèves furent les membres de sa famille, sa mère, son frère, sa belle-sœur et son oncle. Des paysans, hommes et femmes, se joignirent bientôt à eux. Ils furent tous d'accord avec lui qu'il ne valait pas la peine de continuer à vivre, et que le seul moyen de salut était de mourir.

« — L'Antechrist est venu et parcourt la terre, enseignait Chadkine; la fin du monde est proche, fuyons dans une forêt, enterrons-nous tout vivants, et laissons-nous mourir de faim. »

Arrivés dans la forêt, les hommes se mirent à creuser de véritables galeries souterraines, et les femmes s'occupèrent à fabriquer des vêtements mortuaires. Ces préparatifs durèrent trois jours. Tous les adeptes, couverts de vêtements mortuaires, durent renier par trois fois Satan et ses œuvres. La cérémonie d'abjuration étant terminée, Chadkine leur adressa les paroles suivantes :

— Maintenant que vous avez renié Satan, il vous faut mourir. Si vous ne prenez aucune nourriture, si vous ne buvez pas d'eau pendant douze jours, vous entrerez dans le royaume des cieux.

A ces mots, tous se jetèrent par terre et se mirent à prier. Alors commencèrent pour ces malheureux des jours d'atroces souffrances ; tourmentés par la faim et la soif, femmes et enfants demandaient à grands cris au moins quelques gouttes d'eau pour calmer la soif qui les dévorait. Chadkine resta inébranlable : les larmes, les supplications, les souffrances ne le touchèrent pas. Les enfants se tordaient de douleur, suçaient l'herbe, mâchaient des feuilles de fougère, avalaient du sable.

Deux de ces fanatiques ne purent plus résister, et, par une nuit sombre, ils prirent la fuite. Cet événement effraya Chadkine, qui résolut de hâter la mort, qui tardait à venir.

— L'heure de la mort est arrivée ! Êtes-vous prêts ? leur demanda-t-il.

— Nous sommes prêts, père, lui répondirent les malheureux à bout de forces.

Alors, les fanatiques se mirent à massacrer les enfants. Les corps des victimes furent ense-

velis dans la terre, et les survivants se décidèrent à continuer le jeûne.

Mais des fuyards avaient eu le temps de pré-
venir la police, qui accourut.

Entendant des pas et ne voulant pas se rendre
vivants entre les mains des « serviteurs de l'Antechrist », les malheureux, parvenus au plus
haut degré de leur folie religieuse, jurèrent de
verser leur sang pour le Christ, et se livrèrent à
une scène d'horrible carnage.

On commença par tuer les femmes à coups de
hache, puis les hommes que la faim avait le plus
affaiblis. Le chef Chadkine et trois autres hommes
furent les seuls survivants.

Apercevant la police, ils essayèrent de s'enfuir
dans la forêt; mais ils furent attrapés et remis
entre les mains de la justice. Le tribunal les condamna aux travaux forcés à perpétuité en
Sibérie.

Malheureusement, ce cas de fanatisme religieux n'est pas unique dans la seconde moitié de
notre siècle, et nous doutons qu'il y ait un autre
pays en Europe où l'on rencontre un nombre
aussi considérable de suicides en masse ou solitaires.

Nous avons déjà parlé des épidémies de

suicide aux dix-septième et dix-huitième siècles, provoquées par des persécutions religieuses cruelles, de la part des autorités et du clergé. On trouve dans un village du gouvernement d'Olonets, entouré de forêts, une tombe de ces fanatiques qui se donnèrent la mort par le feu. Les habitants du pays racontent que soixante-dix personnes s'y étaient brûlées. Ces malheureux sont considérés comme des martyrs, et leur souvenir est respecté par la population pieuse des environs. Il y a une autre tombe dans ce même gouvernement en souvenir de cent soixante-dix personnes, qui, dans un accès d'extase religieuse, s'étaient donné la mort par le feu. Cette tombe est un lieu de pèlerinage où l'on dépose des offrandes.

Certes, les faits de massacre en masse deviennent de plus en plus rares, mais ils n'ont pas tout à fait disparu. Il n'y a pas bien longtemps encore que dans le gouvernement de Perm des foules de sectaires se laissaient mourir de faim. Ainsi, sous le règne de l'empereur Nicolas, lors des persécutions contre le schisme, quinze personnes, hommes et femmes, dans le gouvernement d'Oufa, s'enfuirent dans la forêt pour mourir de faim. Ils s'attachèrent à des arbres par des chaînes qu'ils fermèrent avec des cadenas et jetèrent les clefs au loin. Plusieurs jours s'écoulèrent pendant lesquels les sectaires, tourmentés par la faim, dévorés par des myriades de cousins et d'autres insectes, remplissaient la forêt de leurs gémissements. Des voyageurs attirés par leurs cris vinrent les libérer et les amenèrent dans un village voisin complétement épuisés par les tourments auxquels ils venaient de s'exposer.

Des cas isolés de suicide dans le but de sauver l'âme et de mériter les béatitudes célestes sont encore assez fréquents de nos jours, et de temps en temps nous en trouvons le récit dans les journaux. Nous nous bornons à en citer quelques-uns.

Un des modes de suicide religieux assez répandu en Russie, c'est le crucifiement. Il y a cinq ans, en Sibérie, un sectaire, ayant étudié pendant longtemps la Bible, finit par trouver que les hauts faits accomplis étaient trop insignifiants, et que pour mériter le salut éternel il était indispensable de supporter les mêmes souffrances que Jésus-Christ.

Voulant mourir crucifié, il abattit un arbre dont il fit une croix, qu'il dressa contre le mur de sa cabane. Ensuite, ayant préparé des clous et un marteau, il cloua d'abord les deux pieds, puis le bras gauche; ne pouvant pas clouer le bras droit, il mit un clou sur la croix et enfonça la main par-dessus.

C'est dans cet état que les voisins le trouvèrent le jour suivant, et qu'ils le détachèrent et le menèrent à demi mort à l'hôpital.

Le fanatisme religieux se manifeste souvent sous la forme de sacrifices humains. Ainsi, en mai 1870, la paysanne Anna Klukine, dans un village du gouvernement de Perm, offrit en sacrifice à Dieu sa fille unique. Appartenant à une des nombreuses sectes mystiques, ses méditations l'amenèrent à la conclusion que le seul moyen de sauver son enfant du péché était de lui donner la mort. Pour accomplir ce dessein, elle profita de l'absence de toute sa famille, s'approcha du four allumé et y jeta son enfant.

Quelques moments après, s'étant assurée que l'enfant était brûlée, elle se mit à prier Dieu, après quoi elle continua à vaquer à ses occupations journalières.

Elle fut arrêtée et, au premier moment, considérée comme folle. Mais à l'interrogatoire et pendant ses conversations avec le prêtre, elle dit appartenir à une secte qui prêchait que l'Antechrist avait été mis au monde par une fille dépravée, Juive de naissance ; qu'il allait de pays en pays à la recherche d'âmes innocentes chrétiennes, et que, pour être agréable au Christ, il fallait se donner la mort par le feu, ainsi qu'à ses enfants. Entraînée par cet enseignement, elle jeta son enfant dans le four, à l'égal d'une sainte des temps anciens qui avait accompli le même acte.

Un fait exactement semblable eut lieu dans le village du gouvernement de Vladimir. Un nommé Kourtine assassina son fils de sept ans pour être agréable à Dieu. Kourtine avoua son crime avec sincérité, et expliqua à ses juges quelles étaient les causes qui l'avaient poussé à commettre ce crime. « Un jour, dit-il, à la fête de l'Assomption, je priais, et je pleurais amèrement sur le manque de salut pour les hommes sur cette terre. L'idée de tuer mon fils me vint subitement. » Ayant vêtu l'enfant d'une chemise blanche, il lui ordonna de se coucher sur le banc. L'enfant obéit. Le père sortit alors un couteau qu'il avait caché dans sa manche, et il en porta plusieurs coups dans le ventre de son enfant.

Le garçon gémit. À ce moment, raconte l'assassin, le jour parut, et le premier rayon du soleil levant vint l'éclairer, lui et sa victime. Sa main trembla, et le couteau tomba par terre. Se jetant à genoux, l'assassin fanatique se mit à prier Dieu.

De même, à Vladimir, le paysan Nikitine, imitant Abraham, qui offrit son fils unique en sacrifice à Dieu, mit le feu à sa maison dans laquelle étaient ses deux fils, qu'il venait de massacrer quelques minutes auparavant. Il déclara aux juges qu'étant un homme pieux, et voyant que ses fils étaient des enfants trop vifs et trop intelligents, il avait préféré les sauver de l'enfer en les tuant.

« J'ai accompli un acte agréable à Dieu », a-t-il conclu dans sa déposition.

Il fut jugé; mais, avant sa condamnation, il se laissa mourir de faim.

En 1860, une jeune paysanne se brûla dans un four, convaincue que pour être agréable à Dieu il fallait se purifier par le feu. A Kazan, un petit bourgeois, très-religieux, s'enferma dans sa maison, à laquelle il mit le feu; il y périt en chantant des hymnes religieux. Deux autres cas de suicides par le feu, dans un accès d'extase religieuse, eurent lieu encore dernièrement, en 1883, etc., etc.

Nous sommes obligé de nous borner à ces exemples pris au hasard pour ne pas fatiguer le lecteur, quoiqu'on puisse en donner un plus grand nombre, sans parler de la quantité d'assassinats et de suicides religieux qui restent inconnus et ne paraissent jamais dans les journaux ni devant les tribunaux.

La masse ignorante et superstitieuse, qui, gémissant sous le joug de la misère morale et matérielle, cherche une issue qui la mène sur la voie du perfectionnement et du salut, ne trouve rien de mieux que de choisir le suicide pour attendrir la Divinité irritée et menaçante. Dans son extase religieuse, le peuple prête foi volontiers aux paroles d'un fanatique quelconque, qui n'est quelquefois qu'un filou ou un repris de justice, exploitant les paysans crédules sous le manteau de la piété.

Ainsi, il y a huit ans, dans le voisinage d'un des centres les plus civilisés et les plus commerçants de la Russie, à Moscou, apparut un moine qui annonçait aux paysans la fin du monde.

« La fin du monde approche, disait-il; abandonnez toutes vos occupations et tous vos biens, et priez Dieu. »

Une foule enthousiasmée abandonna tout, et, vêtue seulement de chemises, se dirigea vers une forêt et se mit à jeûner et à attendre. Quand le moine fixa enfin l'heure de l'arrivée du Christ, les croyants étaient tellement affaiblis par le jeûne et la prière, qu'ils perdaient connaissance ; plusieurs d'entre eux s'endormirent dans des tombes qu'ils s'étaient creusées eux - mêmes. Lorsqu'on les trouva et qu'on les ranima, on s'aperçut que le moine avait fui, emportant avec lui tout ce qu'ils avaient de précieux.

Si les sacrifices humains et le suicide en masse sont moins fréquents ces derniers temps, l'extase religieuse, les idées sombres sur la vie et le désespoir donnent naissance à une quantité innombrable de sectes mystiques et pessimistes, qui se multiplient chaque jour et se manifestent souvent sous les formes les plus étranges.

On rencontre, par exemple, des groupes sectaires qui enseignent que la condition principale du salut se trouve dans le silence perpétuel. Cette secte a été découverte, pour la première fois, à Saratov, dans le cours d'un procès récent. Les accusés étaient des paysans et des paysannes.

Ils ne voulurent point répondre aux questions qu'on leur adressa sur leur âge, leurs occupations, leur état social; et tout le temps que dura le procès, ils ne prononcèrent pas une seule parole. Ils écoutèrent avec la plus grande indifférence l'arrêt qui les condamnait à l'exil, et quittèrent la salle sans dire un mot. C'était la secte des « muets », qui compte un nombre considérable d'adeptes, et qui pratique le mutisme même dans les relations intimes.

Le récit suivant que nous communique un avocat ne manque pas d'intérêt. — J'ai eu l'occasion, dit-il, de prendre la défense d'un des membres de cette secte étrange. Je me présentais dans la prison où il était enfermé, et je demandais une entrevue.

Quelques minutes plus tard, on m'amène un homme très-robuste, de taille moyenne. Il portait un pantalon large enfoncé dans des bottes qui montaient jusqu'aux genoux, une chemise et un cafetan, le costume ordinaire de l'ouvrier russe. De longs cheveux, une longue barbe et des moustaches encadraient sa figure, qui avait une expression de bonté et de résignation. Il devait avoir quarante ans environ.

S'approchant de la table, il me salua en silence.

— Le tribunal m'a confié votre défense, dis-je en m'adressant à lui.

Il mit sa main droite sur la poitrine, et s'inclina.

— Voulez-vous que je vous défende?

Il s'inclina de nouveau, et fit de la tête un geste négatif.

— Pourquoi ne voulez-vous pas que je prenne votre défense?

Le sectaire montra de la main l'image sainte qui se trouvait dans un coin de la chambre.

— Vous vous fiez à la défense de la Providence? demandai-je.

Il fit de la tête un geste affirmatif.

— Oui, mais vous ne pouvez pas nier que l'intervention d'un défenseur expérimenté puisse présenter votre procès sous un jour plus favorable, et faciliter votre mise en liberté.

Il sourit d'un air sceptique, et haussa les épaules.

— N'oubliez pas qu'en persistant dans votre silence à toutes les questions que l'on vous adresse et en cachant votre nom, vous vous exposez à être considéré comme un vagabond; par conséquent, vous risquez d'être exilé dans les provinces éloignées de l'Empire.

Il fit un geste pour me dire que cela lui était indifférent, et continua à garder le silence.

— Vous ne voulez pas parler? C'est bien... Peut-être consentirez-vous à répondre à mes questions par écrit ? Je ne suis donc pas un juge, je suis votre défenseur, que vous ne pouvez pas considérer comme un ennemi.

Le sectaire me regardait toujours avec la même bonté et la même résignation, sans desserrer les dents.

Je trouvai inutile d'insister davantage.

— Faites ce que vous voulez, lui dis-je. Mais, croyez-moi, je n'ai aucun intérêt à m'occuper de votre affaire, je n'étais animé que du désir de vous rendre service seulement.

Il croisa ses bras sur la poitrine, et me fit un salut profond.

— Eh bien ! qu'en dites-vous ? demanda le geôlier, lorsqu'on emmena le prisonnier.

— Cet homme m'a laissé une impression très-pénible. Il doit être aliéné.

— Je vous demande bien pardon. C'est simplement un fanatique endurci. Il y en a maintenant beaucoup dans les environs. Sa conduite en prison est irréprochable ; il se soumet à tous les règlements, il travaille avec assiduité, ne refuse jamais un coup de main à ses camarades. Il est excessivement sobre et religieux... On ne peut positivement rien lui reprocher... Il n'y a qu'une chose : il se fera tuer plutôt que de prononcer un mot.

Huit jours plus tard, il fut jugé. Aucune accusation sérieuse ne pesait sur lui. Voici de quoi il s'agissait : Sur la place du marché d'une petite ville, un sergent de ville arrêta un inconnu. N'ayant reçu aucune réponse aux questions qu'il lui avait adressées, il le conduisit chez le commissaire de police, où, après l'avoir fouillé, on ne trouva pas de passe-port sur lui.

N'ayant voulu dire ni son nom ni sa profession, d'après les lois russes, il fut reconnu comme vagabond, et remis entre les mains de la justice.

Malgré toutes les exhortations du président du tribunal, il resta muet, et quoiqu'il n'y eût aucun délit sérieux contre lui, le tribunal, ne pouvant éluder la loi, se vit dans la nécessité de l'exiler dans la Sibérie orientale.

Le muet écouta la sentence avec calme. Pas un muscle de sa figure ne bougea. Il semblait planer dans des sphères supérieures, loin de tout ce qui l'entourait.

— Emmenez le prévenu ! ordonna le président.

Le sectaire, conservant toujours sur sa figure l'expression de bonté et d'indifférence, salua les juges, puis, s'inclinant devant le crucifix suspendu dans un des coins de la salle d'audience, il suivit paisiblement le soldat.

On rencontre des groupes entiers de ces muets volontaires, mais ce n'est pas fréquent. Ordinairement les « muets » mènent une vie solitaire, qui s'écoule dans la prière, le jeûne et le mutisme le plus complet. Un fait intéressant fut décrit dernièrement dans les journaux russes :

« Dans le gouvernement de Vladimir, dans une forêt sombre, habite une jeune paysanne qui s'y est retirée pour fuir les tentations de ce monde. Elle ne se montre à personne, se nourrit pendant l'été d'herbes et de fruits, et, en hiver, de pain que lui apporte une paysanne d'un village voisin. Elle habite une hutte dans un fossé. Quand on la rencontre par hasard et qu'on lui adresse la parole, elle se tait avec persistance et s'enfuit. »

# CHAPITRE VII

## LES SAUTEURS.

Il y a vingt-cinq ans environ apparut, en Russie, une nouvelle secte mystique qui reçut le nom de secte des « Sauteurs » (prygouny). Le Caucase et les pays annexés servent de lieu de déportation où le gouvernement renvoie les dissidents convaincus et récalcitrants, craignant leur influence démoralisatrice sur la masse du peuple. Aussi peut-on y rencontrer des représentants de toutes les sectes qui existent en Russie, des molokanes, des skoptsy, des « vagabonds », etc. Grâce à l'immense distance qui sépare le Caucase de l'administration centrale, grâce aussi à l'état à moitié sauvage du pays, les sectaires peuvent jouir d'une plus grande liberté et arranger leur vie selon les préceptes de leur religion; ils en profitent pour mener une propagande active parmi les indigènes et les colons russes.

C'est parmi cette population de sectaires qu'apparut la nouvelle secte des prygouny (sauteurs ou danseurs), qui pousse à l'extrême son fanatisme et son extase religieuse. Elle envahit bientôt plusieurs villages, et entraîna un grand nombre de personnes à suivre ses dogmes.

Le principal apôtre de cette religion se donna le nom de Dieu. Sa doctrine consistait principalement en ce que la fin du monde était proche, et qu'il fallait s'y préparer, se repentir et se purifier des péchés que l'on avait commis en se confessant devant les élus de Dieu. L'enthousiasme pour cette nouvelle religion fut tel que les nouveaux adeptes abandonnèrent leurs travaux et consacrèrent tout leur temps à prier, à écouter les sermons et les discours des prédicateurs.

Le dogme principal de cette secte est la descente du Saint-Esprit sur les croyants. Mais il ne descend que sur les élus pendant leurs réunions religieuses. Dans chaque réunion de prygouny, il n'y a que deux ou trois personnes sur lesquelles le Saint-Esprit descend continuellement. Habituellement, le Saint-Esprit ne vient qu'à la fin de la réunion, quand tout le monde y est convenablement préparé par les prières.

Les signes visibles de sa présence sont, avant tout, une pâleur extraordinaire de la face, une respiration accélérée, puis un balancement de tout le corps. Plus tard, les sectaires se mettent à taper du pied en mesure contre le sol; enfin surviennent des sauts et des contorsions furieuses, et les sectaires finissent par tomber lourdement sur le sol.

Tout ceci ne se passe pas toujours dans le même ordre. Quelques-uns des croyants, après s'être balancés, s'élancent sur le banc et commencent à sauter; d'autres tombent du banc par terre, et y restent étendus une heure entière ou davantage; d'autres, enfin, se promènent autour de la table avec une démarche théâtrale, secoués par des sanglots hystériques.

Tout en tournant sur place, se bousculant, tombant par terre et se relevant, les sectaires conservent sur leur figure l'empreinte d'une grande solennité et d'un grand sérieux. La réunion se termine par l'accolade fraternelle. Les précepteurs et les apôtres s'embrassent et s'éloignent vers les deux murs opposés.

Alors les Frères et les Sœurs s'approchent d'eux successivement, se jettent devant eux trois fois par terre et les embrassent trois fois. Cette accolade fraternelle dure quelquefois une heure, deux heures, et le nombre des baisers que reçoit chaque Frère et chaque Sœur est considérable.

Les prygouny, comme beaucoup d'autres sectaires russes, fondent leur enseignement sur l'explication libre de l'Ancien et du Nouveau Testament, et se considèrent comme les seuls vrais chrétiens. Un point de vue pessimiste sur ce monde plongé dans le péché et l'impiété, et un ascétisme sévère, sont les traits fondamentaux de leur croyance. Ils ne mangent pas de porc, s'abstiennent de manger de la viande, ne fument pas, ne boivent pas. Les plaisirs les plus innocents, la danse, le chant, etc., sont sévèrement prohibés. Tous, jeunes et vieux, passent leur temps en prières, en lectures de psaumes, en entretiens pieux et en extase religieuse.

Les cérémonies religieuses, telles que baptême, mariage, enterrement, etc., s'accomplissent sans le concours du clergé, en présence de toute la commune. On lit la Bible, on prononce un discours, une prière, et c'est tout. Voici, par exemple, comment se passe chez ces sectaires la cérémonie du mariage :

Toute la commune se trouve réunie dans une grande izba. Le fiancé tient dans sa main droite le bout d'un essuie-main, dont l'autre bout se trouve entre les mains du garçon d'honneur. L'izba est garnie de bancs et d'une table devant laquelle se tient un paysan, l'Évangile en main. La fiancée est cachée derrière un paravent.

— Approchez! s'écrie le paysan.

Alors apparaît la fiancée, couverte d'un grand châle qui lui cache la figure. Dans chaque main, elle tient le bout d'un essuie-main dont les bouts opposés sont entre les mains des filles d'honneur.

— Saluez! ordonne le paysan.

Les fiancés saluent.

— Désires-tu, Siméon, épouser Catherine? s'adresse-t-il au fiancé.

— Je le désire, répond le fiancé.

— Et toi, Catherine, désires-tu être la femme de Siméon?

— Oui, mon père, répond-elle à voix basse.

— Parle plus haut, pour que tout le monde entende.

— Je le désire.

— Frères! s'adresse alors le paysan à la foule réunie, avez-vous entendu?

— Nous avons tous entendu, répond la foule.

Après avoir lu un passage de l'Écriture sainte, le paysan adresse une allocution aux jeunes mariés.....

— Prosternez-vous devant votre père et votre mère ! ordonne-t-il ensuite.

Les époux se prosternent jusqu'à terre.

— Prosternez-vous l'un devant l'autre.

Les époux obéissent.

On les met ensuite à genoux, et leurs parents les bénissent ; le paysan-prêtre les proclame mari et femme, et la cérémonie se termine par une procession vers la maison de l'époux.

La secte des prygouny, si rapidement répandue dans le midi de la Russie, s'est divisée en deux groupes qui se distinguent l'un de l'autre par le degré de leur mysticisme et de leur extase religieuse. L'un d'eux porte le nom des « Enfants de Sion ». Les adeptes se réunissent dans des maisons solitaires, et, en attendant l'inspiration du Saint-Esprit, ils se flagellent sans pitié, en accompagnant cet acte de sauts désespérés, de cris et de sauvages hurlements. A bout de forces, ils tombent, se déchirent les vêtements, s'arrachent les cheveux.

Dans le cas où le Saint-Esprit se fait attendre

longtemps, les « Enfants de Sion » tâchent d'accélérer son apparition en s'imposant toutes sortes de pénitences. Ils commencent par jeûner en commun pendant cinq ou six jours, laissant mourir de faim leurs femmes et leurs enfants.

Ces sectaires, comme beaucoup d'autres, sont convaincus que la fin du monde et le royaume des cieux sont très-proches. Ce royaume s'appellera le royaume de Sion, et durera mille ans. Il aura pour chef Jésus-Christ, qui gouvernera avec le fondateur principal de la secte, le paysan Roudometkine. Chaque vrai croyant a droit à deux femmes, qui accompagneront leur mari dans le royaume de Sion.

Le fondateur de la secte, Roudometkine, suivi de douze apôtres et de plusieurs femmes qui portaient le nom de reines, allait de village en village prêcher sa religion. Ses humbles adeptes le recevaient avec respect; son séjour était accompagné de prières solennelles et de représentations de scènes de l'histoire sainte.

Dans ses moments de colère, lorsqu'il était mécontent de ses adeptes, Roudometkine menaçait d'abandonner son troupeau et de s'envoler au ciel.

La foi en lui était si profonde que la foule se

prosternait à ses pieds, le suppliant de ne pas la quitter, jusqu'à ce qu'il y consentît. Un jour, enfin, Roudometkine, dans le village de Nikitino, se fit couronner, en présence d'une foule de croyants, roi des chrétiens, et posa sur sa tête une couronne préparée pour cette solennité. La foule, énervée par le jeûne, les danses et l'exaltation, se réjouissait et disait que leur « roi spirituel » occupait enfin le trône qui lui appartenait, et, en souvenir de cet événement mémorable, décida d'élever une colonne; mais la police empêcha d'exécuter ce projet.

L'autre variété de la secte des sauteurs est représentée par le groupe des *communistes*. Ce groupe, moins mystique que le précédent, est regardé comme bien plus dangereux pour l'ordre social et politique, parce que son enseignement est fondé sur les principes du communisme.

De même que les « Enfants de Sion », les communistes se considèrent comme les seuls vrais chrétiens, le peuple élu de Dieu pour répandre la religion du Christ sur la terre. Comme leurs confrères, ils attendent la venue prochaine du royaume de mille ans, dans lequel ils occuperont la première place.

La danse, les contorsions, les sauts allant

jusqu'au délire et à l'extinction complète de leurs forces, forment la base de leurs réunions religieuses. En outre, dans ces réunions, les assistants choisissent un jeune homme de vingt-cinq ans et une jeune fille de dix-huit ans qui doivent représenter le Christ et la Vierge. La prière étant terminée, tous les assistants s'approchent successivement du Christ et de la Vierge, se prosternent jusqu'à terre devant eux, leur demandent pardon pour les péchés commis.

Les fondateurs de cette secte, dont le plus connu est un certain paysan, Popoff, ont communiqué à leurs adeptes les principes suivants d'organisation sociale. Chaque village doit représenter une commune indépendante; la commune doit se diviser en groupes fraternels, qui seront installés chacun dans une maison spéciale.

Ces maisons seront bâties par toute la commune aux frais de cette dernière. Les immeubles et les biens mobiliers, ainsi que leurs revenus, appartiennent à la « confédération fraternelle », et chaque frère a droit à une part égale. Quant à une fortune personnelle, aucun des frères n'y a droit.

On choisit dans chaque groupe un homme qui a le soin des vêtements et de la chaussure de tout le groupe, et une femme chargée de veiller sur la qualité du pain et de la nourriture, et sur sa distribution en quantité suffisante. La commune est gouvernée par des membres élus, tels que le juge, le maître d'école, le prédicateur, etc.

Tous les travaux des champs et les travaux domestiques se font à tour de rôle par les groupes, sous la surveillance de chefs élus d'avance. Chaque commune doit posséder une école, que tous les enfants sont obligés de fréquenter.

Tels furent les premières bases de l'organisation sociale de la secte des communistes. Son fondateur Popoff, un homme riche, renonça lui-même à tous ses biens en faveur de la commune, et, par cela même, attira une masse d'adeptes de son côté. Mais la police, effrayée des tendances communistes de cette secte, arrêta bientôt Popoff, le garda pendant quelque temps en prison, et l'exila ensuite dans une des provinces éloignées de la Sibérie.

Ses adeptes cherchèrent à s'organiser eux-mêmes. Ils élirent douze apôtres, aux pieds desquels ils firent l'offrande de tous leurs biens, et organisèrent une caisse commune. Mais cette extase communiste ne dura pas longtemps; les frères ne furent pas à la hauteur des principes communistes dans l'acception large de ce mot, et les communistes se divisèrent en petits groupes unis entre eux par des intérêts communs, tant spirituels que matériels, et par le principe du secours mutuel.

Il existe à présent, au Caucase, plusieurs villages dont les habitants appartiennent à cette secte, et dont l'organisation est plus ou moins communiste. Leur extase fanatique d'un côté, leur bien-être et leur prospérité matérielle d'un autre, agissent d'une manière contagieuse sur les populations environnantes, et le gouvernement prend des mesures sévères pour mettre fin à leur propagande dangereuse, leur défend toute migration d'un lieu dans un autre, les exile dans des provinces éloignées.

Mais toutes ces mesures ne font qu'augmenter le développement de cette secte. Ses agents fanatiques vont d'un village dans un autre, haranguent le peuple, prédisent la fin du monde, déclarant que chacun doit s'y préparer, se repentir, et, pendant leurs exaltations, ils sautent, chantent des hymnes étranges, se déchirent les vêtements et finissent par tomber sans connaissance.

Dans ces dernières années, comme beaucoup d'autres sectes mystiques en Russie, la secte des sauteurs se rapproche de plus en plus du rationalisme religieux. Par suite des conditions pratiques de la vie, grâce à ses rapports avec les sectes rationalistes dont nous parlerons plus loin, elle perd peu à peu de son mysticisme exagéré, commence à avoir plus de scepticisme pour l'idée de l'Antechrist, et passe dans la catégorie des paisibles sectaires cultivateurs et colonisateurs.

Nous avons décrit les sectes mystiques les plus développées et les plus caractéristiques. Elles peuvent donner au lecteur une idée du degré de mysticisme qui règne dans les masses populaires russes. Les principes les plus marqués de ces sectes sont les suivants :

La dépravation envahit la société actuelle ; l'Antechrist règne sur le monde, qui s'écroule et s'approche de la catastrophe universelle. Les sectaires mystiques ne voient qu'une issue à cet état de choses : c'est de fuir la société, de se retirer dans un désert; — la vie ascétique, l'abstinence dans la nourriture et dans les rapports sexuels; — l'épuisement de la chair, les flagellations, etc.

La cause qui a donné naissance à ces diverses sectes se trouve dans l'état précaire de la vie du paysan et de son travail, dans la misère, la famine, l'ignorance et l'état de surexcitation du système nerveux dans lequel est plongé le peuple, qui finit par attribuer toutes ses souffrances à l'intervention d'une force surnaturelle.

Cette tendance mystico-ascétique a envahi une partie considérable de la masse populaire. Outre les sectes dont les dogmes et les cérémonies ont pris des formes définies, on voit naître, par-ci par-là, des groupes religieux qui, avec le temps, se joignent à l'une des sectes existant déjà, ou bien deviennent l'origine d'une nouvelle secte. Ainsi, dans l'année 1870, parmi les paysans du gouvernement de Vladimir, apparurent des hommes qui prêchaient l'asservissement de la chair à l'esprit. Les adeptes se suspendaient sur des courroies jusqu'à extinction de forces; ils s'étendaient par terre en repliant la tête sur le dos, et prenaient les positions les plus incommodes, celles qui leur procuraient le plus de souffrance. Le chef de la secte, un paysan, prêchait que, lorsque la fin du monde viendrait, il n'y aurait plus de malheureux. Satan lui-même retournerait à son état primitif, c'est-à-dire redeviendrait ange. Pendant que les sectaires se torturaient volontairement, ils entendaient des voix venant du ciel qui leur promettaient la béatitude, etc.

Malgré les principes ascétiques des sectaires, la nature humaine prend souvent chez eux le dessus; les tortures, le jeûne, l'exaltation réveillent les instincts sexuels jusqu'à un degré maladif : aussi voyons-nous les sectes mystiques passer de l'ascétisme le plus rigide à la dépravation la plus grande. Nous avons eu l'occasion de constater ces faits chez les *Begouny*, les *Christs*, les *Skoptsy* et les *Sauteurs;* nous les observons aussi dans les groupes religieux moins importants.

Ainsi, dans le gouvernement de Voronej, il y a une secte dont un des principes est le suivant : Pour le salut de l'âme, il faut tuer la chair, non pas par l'abstinence, mais par la satiété; aussi faut-il avoir recours à des rapports sexuels excessivement fréquents, et ces rapports doivent avoir lieu avec les femmes des autres. Le résultat en fut une dépravation inouïe.

L'ascétisme, le mécontentement de la vie, la recherche d'un idéal de morale et de bonheur, ne se manifestent pas toujours par la fondation d'une secte. Souvent les mécontents quittent leur famille, vivent tout simplement en ermites, ou bien mènent une vie de vagabonds. Partout en Russie, et surtout dans les endroits retirés, on rencontre des cabanes solitaires où vivent des anachorètes; ils passent leur temps à jeûner, à faire des prières, à prononcer des paroles mystérieuses dans lesquelles le peuple croit lire la révélation de la volonté divine; quelquefois, ils se contentent de se taire seulement.

Remarquons, en passant, que la femme a toujours joué un grand rôle dans le mouvement sectaire en Russie. Il y a des sectes dans lesquelles les femmes sont beaucoup plus nombreuses que les hommes; il y en a d'autres qui ont été créées par des femmes. C'est parce que les femmes du peuple, étant les plus malheureuses dans la société et dans la famille, avaient plus de raisons de fuir ce monde; c'est aussi parce que la femme russe a, en toutes choses, une initiative presque égale à celle de l'homme. De même que, dans la société instruite, la femme russe de notre époque a été un champion ardent de la liberté, de l'instruction; dans le peuple, la femme a pris une part active au mouvement religieux et sectaire.

Cette tendance s'est manifestée surtout à certains moments difficiles de la vie du peuple russe. Ainsi, il y a une trentaine d'années, vers la fin de l'esclavage, dans la Russie centrale, se développa parmi les femmes un enthousiasme religieux extraordinaire. Des femmes du peuple, vieilles et jeunes, quittaient leur famille et se retiraient dans les solitudes. Elles renonçaient au mariage, lisaient l'Évangile, chantaient des hymnes religieux, détournaient les paysans du sein de l'Église orthodoxe, prêchaient le renoncement des biens de ce monde et la piété, enseignaient à lire aux enfants et distribuaient des livres sectaires, préparant de cette manière, dans le peuple, la fermentation religieuse.

Au nombre des causes les plus puissantes de la propagation des sectes en Russie sont les persécutions auxquelles elles sont en butte, surtout les sectes les plus monstrueuses, comme, par exemple, les skoptsy. Lorsque les hommes considèrent la souffrance comme le meilleur moyen de salut, en les persécutant on leur fait précisément ce qu'ils cherchent ardemment ; c'est les encourager à persister dans la vie qu'ils ont choisie : celui qui a le plus souffert de persécutions a mérité davantage le ciel. D'un autre côté,

l'administration a l'imprudence d'exiler les sectaires dans des provinces éloignées, loin des
centres civilisés; ici, au milieu des masses ignorantes, leur enseignement a encore plus de
succès. Ainsi, il existe en Sibérie des colonies
très-considérables et très-riches de skoptsy; au
Caucase, on rencontre des colonies de prygouny,
« Enfants de Sion », etc.

# CHAPITRE VIII



Dans ses recherches perpétuelles de la « vérité »
et du « salut », le peuple russe ne s'est pas con-
tenté seulement de créer les sectes mystiques
que nous avons décrites plus haut. A côté d'elles,
l'esprit critique du peuple, occupé de l'explication des dogmes de la morale et de la religion,
a donné naissance à une série de sectes dans
l'enseignement desquelles on voit se manifester
un désir véritable de se défaire de toute formalité, de toute cérémonie; une tendance à suivre
une religion en quelque sorte uniquement spiri-
tualiste et morale, et à la concilier avec les exigences de la vie pratique.

La décadence du pouvoir théocratique en
Europe, la renaissance des sciences, la critique,
ont aussi exercé leur influence sur le sol russe,
et ont été le point de départ du schisme. Déjà,

au commencement du quatorzième siècle, dans
la république de Pskov, apparurent parmi le
clergé des hommes qui prêchaient au peuple
qu'il ne fallait ni être baptisé, ni se confesser, ni
communier. « En religion, toute formalité était
désagréable à Dieu », disaient-ils; « Dieu ne demande qu'une vie sérieuse, une foi sincère et un
jeûne sévère. »

Un peu plus tard, au quinzième siècle, dans
la république démocratique de Novgorod, le sa-
vant juif Zacharie fut le propagateur d'une nouvelle religion. Il niait le dogme de la Trinité, la
divinité de Jésus-Christ, les saints, les sacrements, les cérémonies religieuses, de même que
la vie monacale, comme étant incompatible avec
la nature humaine. Zacharie eut beaucoup d'a-
deptes parmi le clergé et les gens instruits de la
république de Novgorod. La nouvelle religion se
répandit bientôt dans le peuple, qui la trouva
de son goût, grâce à sa simplicité et à sa clarté.

Les nouveaux sectaires reçurent le nom de
*Judaïstes*, leur chef étant un Juif, et ayant introduit dans sa religion beaucoup de préceptes
du « Talmud ».

Lorsque les princes de Moscou soumirent les
républiques de Pskov et de Moscou, ils transfé-

rèrent la moitié de la population dans la princi-
pauté de Moscou; les nouveaux venus répan-
dirent, au bout de quelque temps, la nouvelle
religion à Moscou et dans les provinces environnantes. Elle se divisa bientôt en une quantité de
groupes plus ou moins rationalistes, et donna
naissance aux sectes des Soubotniki, des Doukhobory, des Molokanes, des Stundistes, et à
beaucoup d'autres.

Nous ne ferons que mentionner, en passant,
les Soubotniki : c'est la secte la moins intéressante, et qui ne présente pas une grande différence avec celle des Judaïstes. Comme eux, ses
sectaires fondent leur religion et leur morale
exclusivement sur le Vieux Testament et le
« Talmud »; ils attendent l'arrivée du Messie,
font la circoncision et pratiquent d'autres cérémonies religieuses des Juifs.

Cette religion, qui s'éloignait du christianisme
et se rapprochait de la religion juive, fut considérée comme dangereuse, et poursuivie rigou-
reusement par le gouvernement. Ses sectaires
furent exilés en masse dans les provinces éloignées du centre, où ils contribuèrent au développement d'autres sectes plus rationalistes.

Il est à remarquer que les Starovéry et les

autres sectes mystiques se répandaient plus au
nord de la Russie, ou dans la Grande Russie,
tandis que les sectes rationalistes, ayant un caractère social bien plus pratique, se développent
de préférence dans le Midi, dans la Petite Russie et
dans les provinces nouvellement conquises, telles
que la Crimée, le Caucase et les embouchures de
la Volga. — Ce fait si caractéristique de la dis--
tribution des sectes dans le nord et le midi de
la Russie s'explique en partie par les conditions
climatologiques, en partie par les traits caractéristiques de chacune des peuplades qui habitent
ces deux régions, en partie enfin par la différence des conditions politiques et intellectuelles
de ces deux parties de la Russie.

Ici venaient se réunir les réfugiés de la Pologne détestant le catholicisme et l'oligarchie
polonaise, les schismatiques russes qui ne voulaient pas se soumettre aux exigences du nouvel
État moscovite; il s'y trouvait aussi des colonies
de quakers et de ménonites allemands, qui exerçaient une influence indirecte sur l'esprit des
masses populaires; enfin, tandis que la Russie
du Nord, la « Moscovie », se tenait en garde
contre tout ce qui était européen, la Petite Russie,
au contraire, en subissait l'influence par l'inter-

médiaire de la Pologne, de l'Autriche et des peuples slaves avoisinants; les idées de Luther, de Jean Huss, et d'autres courants réformateurs, pénétrèrent ainsi jusqu'à elle.

La première secte importante du midi de la Russie est celle des Doukhobory (*doukhobory*, c'est-à-dire chercheurs de l'esprit de la religion). A quelle époque cette secte prit-elle naissance, il serait assez difficile de le dire. D'après les procès du dix-huitième siècle, on voit qu'un certain soldat, d'autres prétendent un étranger, qui se qualifiait du nom de quaker, réunissait les paysans dans les villages des gouvernements de Kharkov et de Iekatérinoslav, et allait de maison en maison, expliquant au peuple le Nouveau Testament. Le procès ne dit pas quel était cet enseignement nouveau. Mais, quelque temps après, d'autres prédicateurs parurent dans les gouvernements voisins. Nous avons, par exemple, le père et les fils Kolesnikoff, qui jouissaient parmi le peuple d'une grande réputation « d'honnêteté, d'une vie pieuse et de haute science dans l'explication des livres sacrés ». Le résultat de ces enseignements fut que les paysans d'une quantité de villages déclarèrent aux autorités et au clergé qu'ils ne voulaient plus adorer les images faites par la main des hommes, qu'ils ne respectaient plus les églises orthodoxes et qu'ils n'avaient nulle intention de les fréquenter. « Nous n'adorons pas le Christ en peinture, mais le vrai Christ, celui qui se trouve au fond de notre cœur. » Beaucoup de paysans pénétraient dans les églises, arrachaient les images des murs, maltraitaient les prêtres, etc.

Le mouvement et la fermentation religieuse envahirent rapidement les paysans des localités voisines, et, malgré les persécutions des autorités et du clergé alarmé, la propagande se répandit au Nord, dans le Midi, à l'Est, et arriva même jusqu'à Moscou; cette propagande, sans forme aucune, finit par s'organiser et former des groupes religieux, qui élaborèrent leur organisation sociale et leurs dogmes de religion et de morale.

Le dogme fondamental des Doukhobory est la négation de toute cérémonie, de toute pompe religieuse, et de l'adoration de Dieu par « l'esprit et la vérité », du « Dieu spirituel que chacun porte dans son cœur ». De là, la tendance de rapprocher la Divinité de l'homme. Dieu est inséparable de l'homme et y siége toujours, disent les Doukhobory. La Trinité est une et indivisible; mais il faut la comprendre ainsi :

Le Dieu Père, c'est la mémoire; le Dieu Fils, c'est l'intelligence; le Saint-Esprit, c'est la volonté. Se tenant sur ce terrain dans l'explication des dogmes de la religion, les Doukhobory nient, entre autres, la vie future; ils se la représentent comme étant le souvenir que l'homme laisse après sa mort. De là, naturellement, découle la négation du paradis et de l'enfer. « Le paradis, disent-ils, sera sur cette terre pour les vivants, lorsque les méchants et les cupides disparaîtront peu à peu, et que seuls les bons et les honnêtes resteront; quand les hommes verront dans leurs semblables la personnification de Dieu sur la terre, quand ils s'aimeront et qu'ils se respecteront les uns les autres comme des frères, et quand ils reconnaîtront à chacun d'eux le même droit pour la liberté, le bonheur et le perfectionnement. »

Le Christ, enseignent-ils, n'était ni plus ni moins qu'un homme bon, qui donna aux hommes l'exemple du sacrifice pour son prochain.

L'homme porte en lui-même Dieu lorsqu'il cherche à se rapprocher de l'idéal de simplicité, de bonté et d'honnêteté; chaque homme, quelle que soit sa religion, porte en lui la divinité en gèrme, divinité qui peut le sauver de la perdition.

L'idée que Dieu n'existe pas comme un être indépendant, mais qu'il siége dans l'âme humaine, a inspiré aux Doukhobory, quoique de simples paysans pour la plupart, un profond respect pour la nature humaine. Ils ouvrent leurs réunions et les terminent en s'inclinant profondément les uns devant les autres, et expliquent cette cérémonie en disant qu'ils se prosternent devant la divinité que chaque homme porte en lui.

Étant la personnification de Dieu, tous les hommes sont égaux entre eux; tous sont également faibles, tous sont des pécheurs, et tous sont susceptibles de perfectionnement au même degré. C'est pour cela que la richesse et la pauvreté ne sont qu'une anomalie, qu'une injustice; il ne doit y avoir ni domestiques, ni maîtres, ni autorités, ni sujets.

Les Doukhobory poussent cette idée d'égalité jusqu'à nier même la soumission des enfants aux parents; l'autorité paternelle est tout à fait nulle chez eux. Ainsi, les enfants n'appellent pas leurs parents père et mère; ils leur donnent le nom de « vieux et vieille »; quelquefois ils les appellent simplement par leur nom, Jean, Isidore,

Pierre, etc. Les parents, en parlant de leurs
enfants, n'emploient jamais le mot « mon enfant »; les maris appellent leurs femmes « ma
sœur »; les femmes, leurs maris « mon frère ».
Un voyageur qui visita les Doukhobory, il y a
quelques années, fut tout étonné de voir qu'un
enfant de dix ans appelait un vieillard de quatre-
vingts ans par son nom, qu'il employait même
un diminutif. Le fils et la fille appellent aussi
leurs parents par leur nom, et seuls les tout petits
enfants appellent leur mère « nounou ». Il était
difficile, au premier abord, de comprendre à
quel degré de parenté ces gens se trouvaient
entre eux. Lorsque les *Doukhobory* rencontrent
des petits garçons ou des petites filles, raconte
le même voyageur, ils s'inclinent devant eux
avec le même respect que devant des vieillards.

La femme jouit, chez les Doukhobory, des
mêmes droits que l'homme. Dans les assemblées, elle a le même droit de vote; elle a le
même pouvoir dans la famille, où le principe du
*pouvoir du mari* n'existe pas; elle a le droit de
rompre les liens du mariage aussitôt qu'elle le
trouve bon. Le mariage est l'union de deux êtres
libres et indépendants, fondé sur l'amour et le
bon accord; toute violence, toute contrainte sont

contraires à la morale : c'est pour cela que les divorces sont chose commune et fréquente chez les Doukhobory. Cependant, d'après le témoignage de différentes personnes, le niveau moral des Doukhobory est bien plus élevé que celui de la population orthodoxe voisine; ils sont actifs, comparativement plus aisés, plus propres, et ils jouissent d'une meilleure santé. Les crimes ne se voient jamais parmi eux; les querelles sont chose rare, et se terminent toujours par la réconciliation.

L'assistance mutuelle la plus large existe parmi les membres de la secte, et les empêche de se ruiner.

La critique de la morale et de la religion amène fatalement la critique des institutions sociales.

Après Dieu, c'est le tour des maîtres.

Après avoir nié l'Église, le clergé et le Dieu des orthodoxes, les Doukhobory ont été amenés peu à peu à nier les autorités temporelles. Dans leurs communautés, ils cherchent à se passer même de chefs élus par le suffrage universel, se basant sur ce raisonnement qu'il n'est pas convenable à l'homme de se soumettre à la volonté de quelqu'un d'autre que sa propre conscience.

Toutes les affaires de la commune sont jugées, pour cette raison, par l'assemblée générale.

Le même principe de négation de toute autorité est aussi répandu chez eux dans la sphère sociale et gouvernementale, quoiqu'ils évitent de formuler clairement leur point de vue sur l'État.

Tous les hommes sont libres, il n'y a donc aucune raison de se soumettre à quelqu'un en particulier.

Dieu seul doit régner sur l'univers entier; or, comme Dieu se trouve au fond du cœur de chacun, ce Dieu, ou plutôt la conscience, doit seul gouverner l'homme. Il faut certainement se soumettre aux autorités temporelles, premièrement, parce que, pour le moment, les autorités ont le pouvoir entre leurs mains, auquel il faut, bon gré, mal gré, se soumettre; et puis, parce que la société actuelle est encore si imparfaite que la plupart des hommes sont méchants, et le pouvoir doit exister pour les empêcher de commettre de mauvaises actions.

S'ils ne se révoltent donc pas contre les autorités, c'est parce qu'ils les envisagent, pour le moment, comme un mal nécessaire. Eux-mêmes, ils sont des justes, et ils n'ont besoin ni de rois, ni de juges, ni d'armées. Leur roi, — c'est leur conscience, leur tribunal, — l'amour mutuel et le bon accord. Quant à l'armée et à la guerre, ils l'envisagent comme une œuvre cruelle, sanglante et illégale; c'est pour cela qu'ils se refusent énergiquement à faire le service militaire et à prêter serment, trouvant que c'est un acte contraire à la dignité humaine.

Il va sans dire que de telles tendances antigouvernementales ont soulevé des persécutions sérieuses contre eux de la part du gouvernement. Du temps de Catherine II, Paul Ier et Alexandre Ier, lorsqu'une liberté religieuse relativement assez grande régnait en Russie, on envisageait ces sectaires comme des originaux et des ignorants; on leur pardonnait leurs errements, grâce à leur activité, à leur vie pacifique, au payement exact des impôts. On cherchait seulement à éloigner de leur influence la population de l'empire, et à les installer dans certaines localités déterminées, qu'il ne leur était pas permis de quitter. Mais la simplicité de leur enseignement, la sobriété de leur vie et le bien-être dont jouissaient les sectaires influaient d'une manière contagieuse sur la population orthodoxe, et la secte attirait une masse d'adeptes nouveaux et se répandait avec rapidité de tous côtés. « Cette secte a un attrait tout particulier », écrivaient les gouverneurs des différentes provinces; « il suffit qu'un petit groupe de sectaires s'installe dans une localité, pour qu'au bout d'un temps très-court la population renie en masse l'orthodoxie et qu'elle se joigne au schisme. »

Sous le règne de Nicolas I<sup>er</sup>, le gouvernement se mit énergiquement à lutter contre l'hérésie pour la déraciner complétement. L'ordre fut donné de renvoyer en Sibérie ou de faire soldats les paysans qui s'enthousiasmaient pour le schisme. En Sibérie, la propagande des sectaires eut un succès immense; elle entraînait les soldats, les prisonniers même, et désespérait les autorités de la Sibérie. Alors on envoya les propagateurs les plus remarquables dans les mines les plus éloignées, tandis qu'un grand nombre de sectaires furent exilés au Caucase.

L'historien de cette secte nous raconte que l'on renvoya des groupes de plusieurs milliers de sectaires, sous la surveillance de soldats; les administrateurs et la police retenaient l'argent assigné pour leur entretien, leur fortune personnelle, les pillant et les ruinant arbitrairement. Après ce long trajet à pied, à bout de forces, ils n'y trouvèrent pas le terrain nécessaire pour s'y installer; aussi mangèrent-ils le peu d'argent qui leur restait, et, sans ressource aucune, ils furent obligés de mendier dans un pays inconnu, au milieu d'un peuple étranger dont ils ne connaissaient ni la langue ni les usages.

A ce moment-là, pour leur bonheur, un certain prince, Deliane, gouvernait un des pays nouvellement conquis : la Mingrélie. Le pays était ruiné par la guerre, et la population était en petite quantité. En homme pratique, le prince de Mingrélie proposa aux malheureux sectaires de s'installer dans son pays, et leur offrit des conditions très-favorables. Il donnait dix dessiatines de terre par personne, la quantité nécessaire de bêtes de somme, de vaches, de cochons et d'instruments aratoires. Les sectaires devaient lui payer, en revanche, la vingtième partie de leurs revenus. Le gouvernement russe approuva cette mesure, et les sectaires, heureux, se mirent à l'œuvre énergiquement. Ceci eut lieu il y a environ trente ou quarante ans. Au bout de trois ans, la Mingrélie se couvrit d'une masse de communautés sectaires qui furent d'une grande utilité pour le pays : l'agriculture prospéra chez eux, ils introduisirent beaucoup de métiers, menèrent un commerce actif et s'enrichirent rapidement. Il en fut de même des localités incultes de la Sibérie, où beaucoup de communautés sectaires furent exilées. Les localités devinrent florissantes au bout de quelque temps, se couvrirent de belles colonies; l'agriculture y prospéra, ainsi que l'industrie et le commerce.

Le bruit du bien-être des exilés arriva jusqu'aux oreilles de leurs confrères de Russie, une masse d'émigrés volontaires se dirigèrent vers ces nouvelles régions.

Actuellement, les Doukhobory habitent presque exclusivement la Sibérie, le Caucase et les provinces orientales de la Russie d'Europe, et l'on en compte près de cent cinquante mille.

# CHAPITRE IX



Les *Doukhobory* ont donné naissance à une autre secte rationaliste, les *Molokany,* qui s'est bien plus développée que son prototype. Dans beaucoup d'endroits, elle a même englobé les doukhobory et les a complétement remplacés.

Les molokany sont la secte la mieux étudiée et la plus florissante parmi les sectes rationalistes de la Russie. Elle a reçu ce nom parce que, malgré la défense expresse de l'Église, ses membres boivent du lait pendant le carême (lait, en russe « moloko »). Comme chez la plupart des sectes rationalistes, leurs doctrines se basent sur l'Ancien et le Nouveau Testament. Ils rejettent tout ce qu'il y a de superflu et d'inutile, tout ce qui a été ajouté plus tard par les Pères de l'Église.

Il y a quarante ans, le gouvernement, en cherchant des moyens pour lutter contre ce schisme,

caractérisait cette secte de la manière suivante :
« Les molokany se fondent sur l'Écriture sainte;
mais ils n'y puisent que ce qui leur plaît. Ils ne
reconnaissent ni sacrements, ni hiérarchie, ni
autorité, et ne se soumettent à la loi que par
nécessité absolue. C'est une secte dangereuse. »

En effet, les molokany, tout en fondant leur
enseignement sur la Bible et l'Évangile, en expliquent les vérités à leur manière. Ils repoussent toute idée de hiérarchie, ne reconnaissent
aucune autre autorité que celle de leur commune, et s'ils se soumettent au gouvernement,
c'est seulement parce que, étant actuellement
trop faibles, ils ne peuvent lutter contre lui.

Tant dans la vie publique que dans la vie
privée, les molokany évitent toute formalité et
toute cérémonie. Ils n'ont pas d'églises; la première maison venue, une cour, un champ même
peuvent servir de lieu de prière aux croyants.
Dans l'endroit choisi pour la prière, on dresse une
table que l'on recouvre d'une nappe blanche, et
l'on met sur la table une Bible.

Quand le chef entre, toute l'assistance le reçoit en inclinant la tête. Le chef s'assied et se
met à lire à haute voix. Après la lecture, on
chante des psaumes sur les motifs de chansons

populaires, on discute sur ce que l'on vient de lire, puis on s'incline jusqu'à terre, et l'on se sépare.

Chaque molokane jouit d'une liberté absolue quant aux cérémonies religieuses. Il n'existe aucun dogme ni aucune cérémonie obligatoire. Le mariage, par exemple, se borne chez les molokany à une simple formalité civile, un traité mutuel, qui peut être annulé du consentement des deux époux ou sur la demande de l'un d'eux. L'initiative du mariage appartient aux jeunes gens. « Lorsque les parents forcent leurs enfants à contracter une union contre leur gré, ils commettent un acte contraire à la volonté de Dieu », disent les molokany.

Le mariage est considéré comme un acte public, et n'a lieu que devant toute la commune, qui décide si les nouveaux mariés sont en état de fonder une famille solide au point de vue moral et matériel. Toute la commune assiste au mariage en qualité de témoin collectif, et en même temps constate si le mariage s'accomplit de plein gré, et s'il n'y a pas contrainte d'un côté. Les parents ne jouent dans tout ceci qu'un rôle effacé. Ils n'ont pas le droit de s'opposer au mariage, et s'ils avaient l'idée de menacer les

jeunes gens de les déshériter, ces derniers pour-
raient se plaindre à la commune, qui sanction-
nerait le mariage, malgré la volonté des parents,
et leur assignerait une part de la fortune de
ceux-ci.

Il y a communauté de biens entre le mari et
la femme. Le mari ne peut ni grever ni vendre
son bien sans le consentement de la femme. Si
le mari meurt sans enfants, toute la fortune
passe à la femme; s'il y a des enfants, la femme,
les fils et les filles reçoivent des parts égales.
Ces coutumes ont pour résultat qu'on ne rencontre parmi les sectaires ni ménages malheureux, ni enfants illégitimes. La femme molokane
s'habitue, dès la plus tendre enfance, à l'indépendance; et, dans la famille, ce n'est pas une
esclave, mais une compagne du mari, jouissant
des mêmes droïts que lui.

A l'âge de dix-huit à vingt ans, le molokane
atteint sa majorité civile et acquiert sa liberté
d'action, sous la direction de la commune. Mais
l'âge des époux n'a pas, chez ces sectaires, une
grande signification lorsqu'ils contractent leur
union. Le jeune homme ou la jeune fille qui connaît le mieux l'Écriture sainte et les devoirs d'un
chrétien est considéré comme le meilleur parti.

Cette considération encourage beaucoup l'instruction chez eux. Tandis que les paysans russes sont presque tous illettrés, les molokany savent tous lire sans exception, et les enfants de douze à treize ans causent des devoirs d'un chrétien, d'un membre de la société, d'un époux, et montrent un grand savoir des textes de l'Écriture. C'est pour cela qu'une jeune fille de quatorze ans est regardée souvent comme bonne à marier, tandis qu'une autre jeune fille de dix-sept ans sera considérée comme n'étant pas encore suffisamment préparée pour remplir les devoirs d'épouse.

Les femmes de molokany s'appliquent beaucoup à l'étude de la Bible, et arrivent à un tel degré de puritanisme dans leur costume qu'elles ne portent ni couleurs claires, ni boucles d'oreilles, ni ornement quelconque, ne se préoccupant que de la propreté de leur costume. En revanche, les femmes molokany sont remarquables par leur beauté, et peuvent être considérées comme le type le plus parfait de la femme russe des campagnes. « On est surtout frappé, dit un observateur, par leur modestie, leur simplicité et une certaine expression de douce mélancolie. » Cette beauté de la femme molokany s'explique par la position élevée qu'elle occupe dans la famille, par les soins touchants dont l'entoure l'homme, par l'absence de travail trop pénible, d'ivrognerie et de dépravation.

Le mariage étant considéré par les molokany comme une union contractée dans le but de satisfaire aux besoins naturels de l'homme et de remplir les devoirs de ce monde, ces sectaires cherchent à ce qu'il n'y ait pas une grande différence d'âge entre les époux; ils ne regardent pas non plus d'un bon œil des mariages entre deux personnes qui ont dépassé l'âge de quarante-cinq à cinquante ans, parce qu'à cet âge il ne faut plus penser aux jouissances de ce monde, et que l'homme devient trop faible pour servir d'appui à sa famille.

La commune juge toutes les querelles et les malentendus. Le jugement que porte la commune dans toute discussion et malentendu est définitif et sans appel. Les discussions à propos de fortune, les offenses personnelles, les dissensions entre mari et femme, etc., sont examinées publiquement. Après avoir écouté la plainte, les anciens de la commune tâchent, avant tout, de réconcilier les plaidants; s'ils ne réussissent pas, l'affaire se décide en faveur de l'un ou de l'autre parti, et l'accusé est condamné à des peines disciplinaires. Quelquefois la commune a recours à l'expulsion d'un membre; mais cela a lieu très-rarement, parce que les sectaires tiennent trop à leur position dans la commune pour commettre des délits sérieux.

Les molokany envisagent les querelles, les procès, tout attentat à la liberté personnelle, comme autant d'actes immoraux. Ils trouvent que la guerre n'est que brigandage et assassinat. Aucune sévérité, aucune contrainte de la part du gouvernement n'est parvenue à forcer un soldat molokany à prendre part au combat : à la première rencontre avec l'ennemi, il jette les armes.

Les molokany vivent en familles nombreuses, qui travaillent en commun, en s'aidant mutuellement. Il n'y a ni mendiants ni pauvres chez eux, parce que le travail, la modération et la sobriété servent de dogme fondamental à tout molokany; et puis la communauté se croit obligée de venir au secours des membres indigents par suite de malheurs ou de maladie.

Toutes les communautés de ces sectaires possèdent une caisse commune, où il est obligatoire de verser la dixième partie du revenu de chaque famille, pour les besoins communs, les secours des pauvres et la propagande.

L'observateur est frappé du bien-être, de la sobriété, de l'ordre et de la moralité des sectaires molokany, surtout quand il les compare au dénûment, à la misère morale et physique du paysan russe orthodoxe. La vie du sectaire s'écoule paisiblement dans le travail continuel. Vu leur hostilité pour tout ornement extérieur, les molokany s'habillent simplement, mais proprement. Ils repoussent absolument le vin, le tabac et les boissons alcooliques, qui ne sont admises que comme médicaments.

Grâce au bien-être, à la vie sobre, à l'absence d'ivrognerie et de dépravation, les molokany, de même que les doukhobory, sont généralement des hommes forts, bien portants; les femmes sont belles, les enfants propres et bien soignés. Au milieu des cabanes des paysans orthodoxes à moitié démolies, les maisons des molokany se distinguent par leur propreté et leur élégance.

Grâce à leur activité, leur honnêteté et leur sobriété, les sectaires peuvent, aussitôt qu'ils arrivent dans une localité, s'emparer rapidement de tous les travaux et du commerce du pays. Les paysans, appauvris, regardent avec envie le bien-être des sectaires; leurs femmes, abruties par la misère et la brutalité des maris, cherchent souvent un refuge chez les sectaires; elles adoptent leurs dogmes et souvent s'y marient, abandonnant leurs anciennes familles.

Cette prépondérance morale et matérielle favorise le succès de leur propagande, et la secte se développe rapidement partout où quelques-uns de ses partisans se sont installés. Le gouvernement, à demi théocratique jusqu'à ces derniers temps, traitait les molokany avec une extrême rigueur. Ils étaient soumis à une surveillance minutieuse de la police; il leur était défendu de se réunir pour accomplir leur service religieux ; toute réunion dans les maisons privées était aussi poursuivie : les personnes arrêtées à ces réunions étaient jetées dans des prisons comme propagateurs du schisme. Dans différents endroits, il leur est défendu jusqu'à présent de s'en éloigner à plus de quelques lieues. Une réunion de trois molokany est considérée comme un acte illégal, et les coupables sont arrêtés et punis. Les molokany n'osent pas prendre à leur service un ouvrier orthodoxe, un grand nombre de professions leur sont interdites.

Des villages entiers de molokany ont été exilés en Sibérie, au Caucase, et dans d'autres endroits éloignés. Et malgré tout, la secte se développe et s'étend presque dans chaque gouvernement de l'empire, et actuellement le nombre de ses adeptes se compte par milliers.

Malgré les persécutions auxquelles étaient soumis les molokany, quelque temps après leur installation dans des pays sauvages et peu cultivés, ces pays changent d'aspect. Des relations commerciales s'établissent avec les provinces avoisinantes, la culture s'améliore, on voit apparaître sur le marché des produits nouveaux; les sectaires construisent des routes, installent des écoles et font la propagande religieuse et civilisatrice la plus active en Sibérie, au Caucase et dans les provinces du midi et de l'est de l'empire, d'autant plus que maintenant le gouvernement change peu à peu de politique, et préfère les laisser tranquilles.

# CHAPITRE X



## LES NÉMOLIAKI.

Un autre courant religieux rationaliste en Russie est en relation étroite avec la secte des starovéry. S'étant séparée de l'Église de l'État, les starovéry se divisèrent en deux groupes, dont l'un reconnaissait la nécessité des prêtres, tandis que l'autre la niait. Le dernier groupe reçut le nom de Bezpopovtsy (ce qui veut dire sans prêtres). Ayant commencé par nier les prêtres, le scepticisme des starovéry s'attaqua bientôt aux dogmes et aux cérémonies du christianisme. Ainsi, au commencement du dix-neuvième siècle, un certain paysan, Nikita Petroff, enseignait que tous les hommes sont égaux devant Dieu, et que, par conséquent, il n'y avait aucun besoin de prêtres : chaque croyant est lui-même juge et directeur de sa propre conduite.

En reniant le clergé, les bezpopovtsy renièrent

les sacrements, ou plutôt ils reconnurent à chaque homme le droit d'accomplir lui-même toutes les cérémonies religieuses. Ils répondent de la manière suivante à la question sur la communion : « Celui qui se nourrit de son propre travail accomplit par là même la cérémonie de la communion. »

— A quelle Église crois-tu? demandent les autorités orthodoxes au bezpopovets.

— Voici mon église, dit le sectaire en montrant sa cabane.

— Avec quoi communiez-vous ?

Le sectaire montre la table autour de laquelle sa famille est réunie pour le repas.

— Voici notre autel, dit-il, nous y communions tous les jours.

— Avec quoi communiez-vous ?

— Avec du pain et avec ce que Dieu nous envoie : on travaille, puis on mange le pain du bon Dieu : telle est notre communion.

Ils comprennent de la même façon les autres cérémonies religieuses.

« Si je vis bien, je sauverai ma vie. Tout autre sacrement, toute cérémonie sont inutiles, disent-ils. Imite Jésus-Christ dans ta manière de vivre, et tu seras sauvé. »

En 1840, le bezpopovets Blokhine alla jusqu'à nier complétement l'Écriture sainte, les usages, les cérémonies ; il considérait la religion comme une inspiration venue d'en haut. « La religion orthodoxe, avec les cérémonies, disait-il, est la religion de l'État, fondée non pas sur la conviction sincère et profonde, mais servant au gouvernement d'instrument pour maintenir l'ordre et exploiter les ignorants. » L'homme doit être au-dessus de toute formalité, et ne s'inspirer que de la vérité seule et du sentiment fraternel pour son prochain. Tout le reste est l'œuvre de l'Antechrist et de ses serviteurs. Il y a quelques années, une nouvelle secte apparut à Moscou ; elle était exclusivement composée de femmes. Une foule de femmes abandonnaient leurs familles et prêchaient au peuple que le royaume des cieux était arrivé, qu'il n'y avait aucun besoin de se réunir pour les prières, d'adorer les images, d'accomplir les cérémonies religieuses ; qu'il fallait seulement vivre en justes, en imitant le Christ, renoncer à la fortune, et vivre en formant des communes, partageant tout fraternellement, ayant tout en commun : la nourriture, les habits, les maris, les femmes.

En général, les starovéry et les bezpopovtsy

perdent de plus en plus la foi dans tous les enseignements de la religion orthodoxe ; ils renient aussi toutes les formes sociales et gouvernementales que soutient l'orthodoxie.

« La prophétie de Dieu s'est réalisée, disent-ils, nous vivons dans un nouveau monde, et la religion n'est plus obligatoire actuellement. » De nos jours, la conscience est seule juge de la sincérité de l'homme, et chacun peut vivre et agir comme bon lui semble. De là découle l'enseignement de la secte nouvellement découverte. Les *Némoliaki* (Némoliaki, qui ne prient pas) appartiennent au nombre des nouvelles sectes rationalistes ; cette secte, qui prit naissance au milieu des Cosaques du Don, nie toute idée religieuse et sociale, comme d'ailleurs la plupart des sectes rationalistes ; cette négation est le résultat des tentatives faites par le peuple pour se délivrer des conditions terribles de la vie, et se créer de nouvelles formes de vie sociale.

On considère comme fondateur de cette secte le Cosaque de l'armée du Don, Zimine. Dans sa jeunesse, Zimine avait pris part à la guerre contre les Français, où grâce à sa bravoure il reçut la croix de Saint-Georges.

La guerre, les scènes sanglantes de violence produisirent un grand effet sur l'âme jeune et impressionnable du Cosaque; il se mit à réfléchir sur les anomalies de la vie actuelle, de la morale, et il se mit à chercher la vérité. Il arriva bientôt à toute une série de déductions religieuses et morales, qu'il se mit à prêcher à ses camarades et à ses voisins. Les hommes mécontents de la vie, en quête de perfectionnement et de salut, se joignirent à lui en masse; ce fut là l'origine de la secte des *Némoliaki*.

Quelle était cette nouvelle religion ?

Avant de répondre à cette question, il est indispensable de faire observer que les causes qui donnent naissance à une secte, et surtout à une secte rationaliste, ne sont pas psychologiques seulement, les causes politiques et économiques y sont pour beaucoup. L'une des causes principales, c'est la pauvreté extrême de la population rurale et des classes ouvrières en Russie.

Dans la moitié de la Russie, le paysan n'a du pain que pour une partie de l'année. Il est donc obligé d'ajouter à sa farine de l'écorce d'arbre, du son, de l'aroche et d'autres ingrédients peu nutritifs ; de quitter sa maison, sa famille, et d'aller gagner son pain loin de son foyer. Le militarisme excessif du gouvernement pèse aussi terriblement sur la population rurale et les classes ouvrières ; le système ridicule des passe-ports gêne la liberté du paysan et le ruine ; enfin l'ignorance, la misère, la rapacité du clergé campagnard, qui vit aux dépens de ses ouailles. De tous côtés on entend le paysan se plaindre du prêtre qui demande trop d'argent pour les cérémonies religieuses, telles que le mariage, le baptême, l'enterrement, etc. Lorsque le paysan n'a pas le moyen de payer le prêtre, celui-ci se refuse d'accomplir pour lui les cérémonies religieuses. Il n'est pas rare qu'un cadavre reste toute une semaine dans la maison, parce que le pope marchande avec la famille sur le prix de l'enterrement.

On comprend que toutes ces raisons poussent le paysan à fuir la religion orthodoxe et l'organisation sociale et politique actuelle, et à créer de nouvelles associations sociales et religieuses.

On comprend aussi pourquoi l'on rencontre dans la plupart des sectes un sentiment profond de haine contre le système des passe-ports, le service militaire, les impôts et les cérémonies de l'Église orthodoxe.

Comme modèle d'une secte semblable, nous pouvons citer celle des *némoliaki*. Les némoliaki enseignent que le siècle du *Saint-Esprit* est venu, qu'il est nécessaire d'abandonner la routine de la vie, qu'il faut sauver son âme au moyen de l'explication et de l'accomplissement spirituel des cérémonies religieuses. Ils nient l'explication de l'Écriture sainte prise à la lettre, et lui trouvent des interprétations plus ou moins allégoriques. Ainsi, d'après eux, la vierge Marie est l'emblème des œuvres pieuses qui donnent naissance à la sagesse et à l'amour, c'est-à-dire à Jésus-Christ. Le vrai temple de Dieu se trouve dans le cœur de l'homme; la vraie prière, c'est la pureté de ses aspirations et ses bonnes œuvres. Les prêtres sont les serviteurs du malin. Il ne faut ni églises, ni prières, ni cérémonies; même la cérémonie du mariage se passe chez eux sans bénédiction; on le considère comme accompli aussitôt que l'homme et la femme ont consenti à s'unir et à vivre ensemble.

La même négation s'observe chez eux pour l'organisation sociale. Les autorités et les institutions sociales n'existent pas, selon eux. C'est pour cela que les *némoliaki* se refusent à remplir tous les devoirs civiques, tels que le service militaire, les impôts, et ne cèdent qu'à la force.

Si l'on parvient à les enrôler de force, ils refusent à la guerre de tirer sur leurs ennemis, trouvant que c'est un fratricide.

Grâce au mystère dont est entourée toute la propagande en Russie, il a été impossible de déterminer même le chiffre approximatif du nombre de ces sectaires, quoique au midi de la Russie on en rencontre des villages entiers. Vers 1870, cet enseignement s'est répandu avec une grande rapidité, grâce à de nombreux adeptes qui allaient de village en village porter leur doctrine et engager les paysans à abandonner leurs devoirs civiques et l'Église de l'État.

— Le règne du Saint-Esprit est venu, disaient-ils, il faut rompre tous les liens matériels. Celui qui veut être sauvé doit renier le mensonge et la duperie qui l'entourent. Il ne faut plus payer d'impôts, faire le service militaire, accomplir les cérémonies religieuses.

Parmi les prédicateurs de ce nouvel enseignement, le paysan du village Zatoula, Alexis Aretieff, joua un rôle important. Paysan sérieux et honnête, Aretieff menait une vie ascétique, ainsi que sa femme et sa fille, âgée de seize ans. Il passa plusieurs années à aller de couvent en couvent, cherchant l'inspiration du Saint-Esprit, priant, jeûnant, et ne voyant personne. Il recherchait la vérité et le moyen de trouver le salut. La conduite cruelle de la police rurale à son égard produisit sur lui un effet décisif. Il abandonna alors ses travaux, et se mit à prêcher avec passion l'Imitation de Jésus-Christ. Ayant rencontré des némoliaki, il devint un adepte passionné de cet enseignement, et un propagateur énergique dans le peuple, lui persuadant que le moment d'un renouvellement moral et social était arrivé.

La foule écoutait ses discours avec enthousiasme. Les femmes surtout devinrent des adeptes passionnées; mais il fut bientôt arrêté et jeté en prison, où il ne tarda pas à mourir. Ses prédications eurent pour résultat une série de révoltes parmi les paysans, qui refusèrent de payer les impôts, de faire le service militaire, de remplir leurs devoirs civiques.

L'administration fut obligée d'avoir recours à la force. On se mit à fouetter les révoltés, à les enfermer dans des prisons. Alors des sectaires vinrent de tous côtés demander à être emprisonnés avec leurs camarades. Les prisons environnantes furent tellement encombrées que la mortalité y devint immense. On fut obligé, bon gré, mal gré, de relâcher le plus grand nombre des sectaires, et de ne garder que les propagandistes les plus dangereux, au nombre de cinquante, qui furent plus tard condamnés.

La propagande du schisme n'en continua pas moins, parce que les causes qui l'avaient provoqué existaient toujours.

# CHAPITRE XI



### LES NÉGATEURS.

Nous avons vu que différentes sectes religieuses se sont développées en Russie sous des formes variées, étranges, extravagantes même. Tout dernièrement on a découvert, en Sibérie, une nouvelle secte dont la philosophie sociale représente la forme extrême de la doctrine anarchiste. C'est la secte peu connue des *négateurs*.

D'après ses doctrines, cette secte pousse jusqu'à l'extrême l'idée du nihilisme et de la négation. Ses adeptes mènent une vie de vagabondage, et passent la plus grande partie de leur existence dans les prisons. Par sa manière de vivre, sa passion pour la vie errante, sa haine pour la société actuelle, cette secte rappelle beaucoup la secte mystique des bégouny (fuyards), à laquelle, selon toute vraisemblance, elle doit son origine; mais, d'un autre côté, par son scepticisme et sa négation poussée jusqu'à l'athéisme le plus complet, elle dépasse de beaucoup toutes les sectes les plus rationalistes que nous avons eu l'occasion d'observer chez le peuple russe.

Prenons, comme exemple, l'un des représentants typiques de cette secte, un certain marchand Chichkine. Dans ses recherches de la vérité, il changea quatre fois de secte, et finit par se persuader que toutes les religions n'étaient qu'erreur et mensonge. S'étant adonné à l'étude de l'Écriture sainte, il crut s'apercevoir que les livres sacrés n'étaient pas d'accord avec la morale humaine : il en était arrivé à nier toute idée de Dieu et de religion, toutes les institutions humaines, les autorités, l'État et la société.

Il ne tarda pas à être arrêté et emprisonné. Toute sa fortune fut saisie. Il refusa de se justifier et d'avoir recours aux moyens légaux de défense, persistant dans ses opinions et continuant à les prêcher même en prison. Voici un curieux spécimen de ses réponses au juge d'instruction :

« Qui es-tu ? lui demanda le juge.

—Est-ce que tu ne vois pas que je suis homme ? Es-tu aveugle ?

— Quelle est ta religion ?

— Je n'en ai pas.

— A quel Dieu crois-tu ?

— Je ne crois à aucun Dieu. Dieu vous appartient, à vous autres. C'est vous qui l'avez inventé; moi, je n'en ai pas besoin.

— Te prosternes-tu donc devant le diable? demanda le juge avec un certain degré d'irritation.

— Je ne m'incline ni devant Dieu, ni devant le diable, parce que je n'ai pas besoin de prier. Le diable est aussi votre invention. Dieu et le diable sont à vous, ainsi que les tsars, les popes et les administrateurs. Tous vous êtes les enfants d'un même père; je ne suis pas des vôtres, et je ne veux pas vous connaître. »

L'interrogatoire prouva que Chichkine niait Dieu, le diable, le tsar, les prêtres, le pouvoir religieux et temporel, les lois, etc. En un mot, il niait tout et n'admettait que sa propre autorité. Chacun pour soi, disent les adeptes de cette secte. Il n'y a ni droit, ni devoir, ni hiérarchie sociale, politique ou religieuse. L'homme abandonné à ses instincts naturels, sans aucune entrave de la part du gouvernement et de la société, sera fatalement poussé vers la vérité et l'équité.

Ils nient, sans exception aucune, toute propriété, ne reconnaissent aucune forme d'organisation sociale. Pour eux, le mariage, la famille, les devoirs sociaux n'existent pas : ils vivent dans un monde fantastique de liberté sans limites, et méprisent tout ce qui les entoure.

Chichkine aurait donné au premier venu de la nourriture, des vêtements, de l'argent pour des besoins de la vie, etc.; mais il aurait refusé un sou pour acheter du tabac, du vin, etc..... « Je préférerais jeter l'argent par la fenêtre, que de t'aider à t'empoisonner par le tabac », répondait-il à ceux qui lui demandaient de l'argent pour satisfaire cette habitude.

Si on lui dit merci, il répond : « Quel mot stupide ! Tu as reçu ce que tu voulais, tu as mangé; eh bien, va-t'en tranquillement. »

Partisans de tout ce qui est naturel, ces sectaires ne se rasent et ne se coupent jamais les cheveux; ils ne boivent pas de spiritueux et ne fument pas, pour ne pas gâter la beauté naturelle de l'esprit et des facultés intellectuelles.

Ils rêvent une vie dans laquelle chacun travaille pour soi, satisfaisant ses besoins avec les produits de la terre, fabriquant lui-même tous les objets nécessaires à sa vie. Le superflu doit être remis à ceux qui en ont besoin.

Ils éprouvent une haine profonde pour tout travail obligatoire, sous toutes ses formes : aussi ne vont-ils jamais en service, même si on les menace de mort, et ne prennent-ils jamais de serviteurs. Lorsque Chichkine fut emprisonné, selon les règlements de la prison, on le rasa, et l'on voulut l'obliger à travailler; mais il s'y refusa.

« Vous m'avèz pris de force », disait-il; « je ne vous avais pas priés de m'enfermer; vous devez donc me nourrir maintenant et travailler pour moi. Laissez-moi partir, alors je travaillerai pour moi, et je ne viendrai vous demander ni aide ni secours. »

On avait beau le fouetter, l'enchaîner à une brouette, l'enfermer dans un cachot, ne lui donner que du pain et de l'eau, rien n'y faisait, il restait inébranlable.

Ces sectaires n'admettent pas l'échange des produits et le commerce, comme il existe dans la société actuelle. « Si tu as besoin de quelque chose et que je puisse te le donner, prends-le; quand j'aurai besoin de quelque chose à mon tour, tu me le donneras. »

Ils prêchent l'amour libre, et ne reconnaissent pas le mariage. Ils considèrent la femme comme un être indépendant, égal à l'homme, libre de choisir un ami de cœur et une occupation de son goût. Pour protester contre le mariage, ils remplacent le mot « femme » par celui d' « amie ».

On amène devant le juge d'instruction un homme, une femme et une petite fille, accusés d'appartenir à la secte des négateurs :

« Est-ce ta femme? lui demande le juge d'instruction.

— Non, ce n'est pas ma femme.

— Mais tu vis avec elle ?

— Oui; mais elle n'est pas à moi, elle est à elle-même.

— Est-ce ton mari? demande-t-on à la femme.

— Non, ce n'est pas mon mari, répond la femme.

— Mais alors, qu'est-ce donc? demande le juge étonné.

— J'ai besoin de lui, il a besoin de moi, et voilà tout. Mais chacun de nous s'appartient à lui-même, répondit la femme.

— Et cette fillette, est-elle à vous? reprend le juge.

— Non, elle est de notre sang; mais elle n'est pas à nous, elle est à elle-même.

— Mais êtes-vous donc fous! s'écria le magistrat impatienté. Cette pelisse que tu portes est-elle à toi?

— Non, elle n'est pas à moi, répond le sectaire.

— Pourquoi la portes-tu, alors?

— Je la porte tant que tu ne me l'as pas enlevée. Cette pelisse était sur le dos d'un mouton, maintenant elle est sur le mien; demain, peut-être, elle sera sur le tien. Comment veux-tu que je sache à qui elle appartient? Rien ne m'appartient, sauf ma pensée et ma raison, etc, etc. »

Les mots *foi, autorité, loi, propriété,* leur inspirent une profonde horreur; ils font pénétrer leurs principes mêmes dans les détails les plus insignifiants de la vie; ils n'ont recours à la protection des lois, de la police, sous aucun prétexte, préférant souffrir et patienter. S'adresser à la protection de la loi, c'est reconnaître cette loi, c'est se soumettre aux institutions sociales; mais si l'on se soumet à la loi, on tue son individualité, qui ne doit s'appuyer que sur sa propre conscience et ses convictions personnelles.

Ils ne croient pas à la vie dans l'autre monde,

et à la récompense qui attend l'homme, selon la religion chrétienne, dans la vie future ; ils trouvent que l'homme s'immortalise dans sa postérité, pour laquelle il dépense toutes ses forces morales et physiques.

Tout en étant pessimistes, sceptiques et négateurs, ils admettent cependant un idéal dans un avenir très-éloigné. Ainsi, ils croient à une sorte de jugement dernier sur la terre, à une lutte terrible entre le bien et le mal, lutte dans laquelle, tôt ou tard, le bien doit triompher.

Le jour d'une lutte décisive entre le bien et le mal arrivera, et alors les bons seront séparés des méchants. Les bons auront le droit de vivre à part, et feront le paradis sur la terre. Les méchants, ayant un tel exemple sous les yeux, passeront en partie au camp des bons ; ceux qui persisteront dans la méchanceté périront en s'entre-tuant, à cause de leur rivalité et de leur haine mutuelle.

Et alors s'établira sur la terre le royaume de la vérité et de l'équité.

C'est tout ce que l'on connaît jusqu'à présent de cette étrange secte. Elle ne présente pas, à ce qu'il paraît, un groupe organisé avec des formes élaborées de la vie sociale, et ses adeptes se ren-

contrent, par-ci par-là, comme des ermites vagabonds.

Pour mieux caractériser cette secte, nous em-
pruntons deux exemples au récit d'un substitut.

En visitant une prison de province, il y rencontra un prisonnier étrange. Dans le coin d'une
cellule, un homme se tenait pensif. — Je fus
frappé, raconte ce substitut, par ses yeux ex-
pressifs, chercheurs et profonds; sa figure, cri-
blée de petite vérole, était pâle et maigre comme
celle d'un cadavre.

— Pourquoi es-tu ici? lui demandai-je.

— J'y suis pour la même raison que toi, me
répondit le prisonnier en me fixant.

— Je suis venu te demander si je ne pourrai
t'être de quelque utilité, lui dis-je avec douceur.

— Je n'ai nullement besoin de toi, et je pense
que toi non plus, tu n'as besoin de moi.

— C'est comme tu voudras, lui dis-je. Fais
comme tu veux.

— Les choses ne se font ni comme je le veux,
moi, ni comme tu le veux, répondit philosophi-
quement le prisonnier.

Il prononça tout cela, les yeux fixés sur moi,
d'un ton calme, doux même : la rudesse de ses

paroles ne répondait pas à la douceur de l'expression de sa figure.

Cet original m'intéressa. J'adressai des questions au directeur de la prison.

— Qui est-ce? et pourquoi est-il ici?

— C'est un sectaire, répondit le directeur. Il est inscrit dans le livre sous le nom de Rojkoff, quoiqu'il ne dise rien ni de son vrai nom, ni de sa position sociale.

— Pourquoi est-il en prison?

— Il serait difficile de le dire. Il a été envoyé dans la Sibérie orientale pour ne pas avoir eu de passe-port, et n'avoir pas voulu donner de renseignements sur sa personne. En chemin, il a fui; puis de nouveau il fut saisi et fouetté. Il s'évada une seconde fois, fut repris, et voilà deux ans qu'il se trouve ici. A peine l'amena-t-on qu'il fit le tour suivant : à l'appel des prisonniers, tous répondirent à leur nom, excepté Rojkoff. On cria son nom une dizaine de fois, mais il continuait à garder le silence.

Alors le maître de police, furieux, s'approcha de lui.

— Qui es-tu?

— Regarde toi-même, tu n'es pas aveugle, répondit le prisonnier avec calme.

— Je te demande comment on t'appelle.

— C'est toi qu'on appelle ; moi, personne ne m'appelle. On ne m'appelle d'aucune manière ; laisse-moi tranquille, répondit le prisonnier du même ton calme.

— Ote ton chapeau ! s'écria le maître de police.

— Ote-le toi-même, si tu en as besoin ; moi, je n'en ai pas besoin. D'ailleurs, ce n'est pas mon chapeau, c'est le vôtre.

Le maître de police le fit fouetter. On lui administra trois cents coups de verges, mais il ne proféra pas une seule plainte, pas un gémissement.

— Tu peux me battre, tu peux même boire mon sang ; mais c'est tout, dit-il.

Je ne pensais pas qu'il survivrait à cette punition, tellement on l'avait battu ; mais au bout d'un mois il se rétablit, et recommença la même chose. A toutes les questions qu'on lui adressait, il répondait les mêmes inepties ; il ne demandait rien à personne, ne se plaignait de rien. Si on lui donne du pain, il en mange ; sinon, il n'en demande pas. On chercha en vain à lui faire tout avouer et raconter la vérité sur son compte.

— Si tu as besoin de la vérité, cherche-la ;
moi, je n'en ai pas besoin, répondait-il.

Je résolus de faire plus ample connaissance
avec cet être original, et je me mis à fréquenter
la prison plus souvent ; je réussis même à le bien
disposer envers moi ; mais je ne pus rien en
tirer. J'appris qu'il ne demandait qu'une chose,
c'est qu'on le laissât tranquille.

— Dis-moi, ai-je tué quelqu'un ? Ai-je volé ?
me demanda-t-il. Pourquoi me tenez-vous en
prison ? pourquoi buvez-vous mon sang ? Je n'ai
rien de commun avec vous, je n'ai rien à voir
dans vos affaires. Pourquoi ne me laissez-vous
pas tranquille ?

— Mais, voyons, pourquoi refuses-tu de dire
ton nom ? Dis-nous qui tu es, où tu es né, de
quoi t'occupes-tu. Nous prendrons des renseignements, et peut-être pourrons-nous te relâcher et te donner un passe-port. Que veux-tu ?
c'est la loi.

Il m'écouta, souriant tranquillement, et répondit :

— Mais tout cela est à vous, et le passe-port,
et les renseignements, et les lois, et les noms.
Moi, je n'ai rien à voir dans tout cela.

— Pourquoi te fais-tu traîner de prison en

11

prison ? Tu as peut-être une famille, des enfants ? insistais-je.

— Quels enfants ? quelle famille ? Tout cela est aussi votre invention ; moi, je suis seul.

— Mais que veux-tu, enfin ?

— Moi, je ne veux rien. C'est vous qui voulez de moi. Je veux qu'on me laisse tranquille.

Un an plus tard, j'appris qu'il s'était enfui de la prison, en emmenant avec lui une femme, et qu'il avait laissé plusieurs adeptes.

Je rencontrai un autre original, du même genre, appartenant à la même secte, également en prison.

Il avait été inscrit dans le registre sous le nom de Tchouchmistoff, quoique personne ne sût comment il s'appelait ni d'où il venait. Je le rencontrai dans une prison de Sibérie, où il y avait plus de huit cents prisonniers.

C'était un homme plus doux et plus communicatif que le précédent ; il était plus facile donc de lier conversation avec lui.

Il niait Dieu et la religion quelle qu'elle soit, principalement à cause de toute absence de preuves palpables et visibles de la présence de Dieu et de son utilité. Il me fit observer la con-

tradiction qui existe entre la vie réelle et l'enseignement de la religion.

— Le prêtre vous dit que Dieu est bon et juste,
et que pas un seul cheveu ne tombera de la tête
de l'homme sans la volonté de Dieu. C'est bon.
Nous sommes ici en prison au nombre de huit
cents, et nous irons tous aux travaux forcés. Or,
cinquante personnes au moins sont complétement innocentes, je le sais de source certaine;
donc, elles ont été condamnées injustement. Je ne
parle pas de moi, je ne suis pas des vôtres, et
votre Dieu n'a pas à s'occuper de moi. Mais
pourquoi ne les défend-il pas, les innocents? ne
les protége-t-il pas? Ils croient tous en lui, ils
l'adorent. Il y en a qui prient toute la nuit, qui se
frappent le front par terre en se prosternant ; ils
n'en sont pas moins fouettés, et iront néanmoins
dans les mines. Comment expliques-tu cela ?

Le substitut n'eut qu'à s'incliner devant cette
logique implacable d'un homme simple.

Ce sectaire ne reconnaissait aucune autorité.
Il n'y avait aucune raison pour qu'elle existât,
disait-il. Chacun pour soi. Voici son code politique et social. Il critiquait surtout la centralisation du pouvoir en une seule personne, en une
seule institution.

— Si l'on t'envisage, toi, par exemple, disait-il au substitut, tu n'es pas un homme méchant, tu as une certaine dose d'esprit. Eh bien ! peux-tu dire, la main sur le cœur, que tu remplis ton devoir en conscience ? Peux-tu avoir l'œil partout? Tes devoirs ne sont pourtant pas immenses. Comment veux-tu alors qu'un gouvernement puisse tout voir, tout contrôler, avoir l'œil partout? Il en résulte donc un désordre, un mensonge général... Pourquoi diable veux-tu donc avoir un gouvernement?

— On ne peut pas se passer d'autorités, disait le substitut, cherchant à le persuader; il en résulterait des désordres, des crimes, des vols. La raison du plus fort régnera alors. Admettons que ton gilet me plaise, je suis plus fort que toi, je te l'enlève. Que feras-tu avec moi ?

— Et maintenant, que ferai-je avec toi? demanda le sectaire à son tour. Le gilet coûte trois roubles, et pour le ravoir il faudra que j'en dépense dix. Eh bien ! je te demande, est-ce que cela vaut la peine de se déranger ? De plus, pour défendre mon gilet, il faut te payer à toi, substitut, entretenir la police, les prisons, les tribunaux : le gilet n'en vaut certes pas la peine.

— Comment voudrais-tu alors arranger la vie ?

— D'abord, je ne veux arranger ma vie d'aucune manière. Je suis seul, je n'ai besoin de personne. Voilà tout. Et ensuite, si tu es fort et que tu veuilles me faire du tort, il se trouvera dix faibles comme moi, et nous t'arrangerons si bien que tu ne voudras plus recommencer.

— Il y aura donc d'éternelles querelles.

— Ne t'inquiète pas, nous vivrons bien sans vous, répondit le sectaire avec conviction.

Ses idées sur la patrie étaient celles d'un cosmopolite.

— Pour vous, disait-il, il y a des Russes, des Allemands, des Tartares ; pour moi, il n'y a que des hommes, des frères. La seule différence, c'est qu'ils parlent un langage autre que le mien. Vous autres, vous vous querellez toujours, vous guerroyez, vous n'avez jamais assez de place ; selon moi, il y a suffisamment de terre, d'eau et d'air pour chacun ; laissez la liberté au peuple, ne l'empêchez pas de vivre comme bon lui semble, il n'y aura plus de querelles, alors.

Parlant de la famille, il disait : Vis avec qui tu veux, c'est indipensable, c'est un besoin de la nature ; mais il ne faut pas qu'il y ait une femme à moi, une femme à toi. Tout le monde est libre; la femme n'a qu'à vivre avec qui elle veut.

C'était un homme doux et irréprochable dans ses rapports avec ses camarades les prisonniers; il ne se querellait jamais, ne faisait de tort à personne; au contraire, il venait en aide à chacun, et tout le monde l'aimait, tout en le considérant comme un être bizarre.

En revanche, c'était un tout autre homme avec les autorités; il ne manquait jamais l'occasion de leur montrer son dédain et de protester. Un jour, le gouverneur de la localité vint visiter la prison. Il examina tout, interrogea tous les prisonniers sur leurs besoins. Tout le monde se tenait debout devant lui, le chapeau à la main. Seul, le sectaire regardait avec indifférence de tous côtés, le chapeau sur la tête.

Cette tenue attira l'attention du gouverneur.

— Quel est cet homme qui n'a pas ôté son chapeau? Ote ton chapeau, dit le gouverneur au prisonnier.

— Le chapeau est à vous, il n'est pas à moi. Si tu veux, tu n'as qu'à l'ôter, répondit le sectaire sans bouger.

— Comment oses-tu...? s'écria le gouverneur.

— Au lieu de crier sans raison, tu aurais bien mieux fait de t'occuper du sort des prisonniers, dit tranquillement le sectaire.

— Mettez-lui les menottes! Qu'on le fouette! s'écria le gouverneur furieux.

On saisit le malheureux, et on l'emmena. Il fut fouetté à tel point que, le jour suivant, le substitut le trouva à l'hôpital sans connaissance. Il y resta longtemps; mais, grâce à sa forte nature, il finit par se remettre. A toutes les questions qu'on lui adressait pour qu'il expliquât sa conduite envers le gouverneur, il répondait : « Il le fallait. »

Quelque temps après, il fut transféré dans une autre prison, et l'on n'en entendit parler que vaguement. Les verges, au lieu de le corriger, ne firent que l'endurcir et l'irriter. Il manifestait partout une force de caractère inouïe. Il a supporté des choses terribles. On l'a fouetté une quantité innombrable de fois, on l'a privé de nourriture ; enfin, plus d'un an, on l'a tenu dans une cellule sombre et humide. Il supporta tout cela sans se rendre, sans consentir à renoncer à ses idées.

Après une séance terrible de verges dans l'une des prisons de Sibérie, on l'amena de force aux

travaux. Il avançait tout le temps à coups de
bâton; mais une fois arrivé sur le lieu, il se cou-
cha par terre, et, malgré tous les coups, on ne
parvint à le faire lever. Lorsque le moment vint
de rentrer en prison, l'escorte fut obligée de le
traîner dans une brouette comme un triompha-
teur, à la grande joie de tous les prisonniers.
D'une manière ou d'une autre, la victoire resta
entre ses mains.

# CHAPITRE XII



Il y a environ vingt-cinq ans, une nouvelle secte apparut dans le midi de la Russie, dans le gouvernement de Kherson, dont les adeptes se donnaient le nom de Frères évangéliques. Le peuple les appela par le mot allemand *stundistes*, probablement parce que les colonies de baptistes allemands contribuèrent beaucoup au développement de cette secte.

Cette secte a pris naissance vers 1860, époque à laquelle les esprits étaient surexcités en Russie à la suite de l'affranchissement des serfs. Ayant paru simultanément en plusieurs endroits, elle se répandit avec une grande rapidité dans la Petite Russie, la Nouvelle Russie, le Caucase, et pénétra même dans des gouvernements septentrionaux, jusqu'à Moscou et Pétersbourg.

Le premier paysan russe qui se laissa entraîner par l'enseignement des baptistes allemands était le maire d'un village, Ratouchny. C'était une de ces natures passionnées à la recherche de la vérité, que l'on rencontre si fréquemment dans le peuple russe, et qui, ne trouvant pas d'autre issue à leurs forces morales, s'adonnent aux idées de schisme. Au commencement, il fit comme tous les « chercheurs de vérité religieuse »; il alla de couvent en couvent, demandant à tous ceux qu'il rencontrait sur son chemin, tant hommes du monde que religieux, ce qu'il fallait faire pour vivre selon l'Évangile et la vérité.

A Kiiev, il rencontra un « chercheur de vérité » comme lui, un certain paysan, Rabochapka, avec lequel il discuta longuement de la foi, de la morale; ils arrivèrent à conclure qu'il était temps d'inviter le peuple à vivre d'une vie spirituelle : dans une colonie de baptistes, ils s'assimilèrent leur enseignement.

Ratouchny se mit à répandre sa nouvelle doctrine parmi les habitants de son village. Il exhortait les paysans à ne pas fréquenter l'église, et à la remplacer par la lecture de l'Évangile. On se réunissait tous les soirs chez Ratouchny pour écouter son enseignement. Ces réunions commencèrent par être secrètes; puis, lorsque le nombre des adeptes s'accrut, elles eurent lieu en plein jour. L'Église et les popes étant reniés, Ratouchny faisait lui-même l'office des morts, baptisait les enfants, leur donnait les sacrements.

L'enseignement des stundistes se répandit avec rapidité et envahit tous les villages, et même les provinces voisines. A côté de Ratouchny, son ami, le paysan Rabochapka, faisait une propagande active du nouvel enseignement. Ayant adopté le baptême, il se mit, malgré son âge avancé, à apprendre à lire en russe et en allemand, à étudier l'Évangile et à l'enseigner aux paysans qui venaient écouter ses prédications, et abandonnaient la religion orthodoxe. Il y eut même des désordres dans certains endroits. Les nouveaux sectaires, sous l'influence du fanatisme religieux qui s'était emparé d'eux, brûlaient les images sur des bûchers, s'élançaient dans les églises, maltraitaient les popes. Mais c'étaient des faits isolés, en général; les stundistes sont des gens paisibles, travailleurs et soumis.

Les stundistes affirment que toute autorité spirituelle est inutile, qu'il n'y a aucune nécessité d'avoir des prêtres pour jouer le rôle de médiateurs entre Dieu et les hommes. Dieu, d'après leurs idées, est un être tout-puissant et clément, et, par conséquent, tout homme peut communiquer directement avec lui sans l'intervention des saints et des prêtres. Il en résulte que les stundistes repoussent les images, les saints et toutes les cérémonies.

En se convertissant au schisme, les paysans orthodoxes rassemblent immédiatement toutes leurs images, très-nombreuses chez les Russes, et les apportent dans l'église la plus proche, en déclarant que ces idoles ne leur sont désormais d'aucune utilité, et ne font qu'occuper de la place et ramasser de la poussière. Une série de démonstrations de ce genre provoquèrent contre les stundistes des persécutions violentes de la part de la police rurale.

La grande majorité des stundistes sait lire. Ils étudient avec soin l'Évangile, qu'ils finissent par connaître à fond ; aussi en citent-ils des passages à l'appui de leurs idées sur l'Église, le clergé, les saints et toutes les cérémonies religieuses. Ils considèrent le jeûne comme un frein que les prêtres ont inventé pour dominer plus facilement le peuple.

« Ce n'est pas ce qui entre dans l'homme,

mais ce qui en sort qui perd l'âme, disent-ils. Si la chair est faible, au lieu de l'affaiblir par le jeûne, il faut la fortifier par une nourriture saine et une vie régulière. »

Telle est la raison pour laquelle les stundistes soignent tout particulièrement le corps, qui doit être un bon instrument pour l'activité de l'âme. L'homme, d'après eux, est l'être le plus parfait de la création; le but de son existence sur la terre ne doit pas être la souffrance et la soumission au sort, mais le bonheur, le perfectionnement, la domination de toute la nature. Pour cela, l'éducation du corps est aussi indispensable que celle de l'âme; il est nécessaire d'éloigner tout ce qui nuit au bonheur et au bien-être, tout ce qui gêne le développement indépendant de la personnalité.

En se convertissant, le paysan abandonne immédiatement l'usage du tabac et des boissons alcooliques, la vie déréglée, pour ne pas nuire au bonheur moral et matériel.

Depuis leur origine, ces sectaires, en se basant sur l'enseignement évangélique, lui donnent une interprétation socialiste. Les principes de liberté, de fraternité et d'amour, qui font la base de leur doctrine sociale et religieuse, s'étendent jusqu’au partage égalitaire de la propriété et de tous les biens de la terre.

Jésus-Christ, disent les stundistes, a souffert pour l’humanité tout entière. Il voulait le bonheur de tous : donc tous ont également le droit de jouir des biens de la terre.

La terre et tout ce qu’elle produit appartient à tout le monde; donc tout doit être partagé également entre les hommes, qui sont des frères. Le travail est obligatoire pour tous, c’est la condition principale du bonheur; mais, comme il est impossible de travailler sans terre, eau, animaux et plantes, on n’a pas le droit de s’approprier toutes ces choses. Elles doivent être la possession des communes, des groupes fraternels, dont l’humanité est composée. Chacun doit labourer autant de terre qu’il en faut pour ses besoins personnels; en possédant des terres au delà du nécessaire, on empiète sur le bien d’autrui.

En prêchant l’égalité matérielle, en repoussant le luxe et le superflu, les stundistes repoussent tout ce qui pourrait amener l’inégalité dans la distribution de la richesse, l’accumulation de fortune chez une personne; ils affirment que l’échange des produits doit se faire en nature, que l’argent et le commerce ne conduisent qu’à l'abaissement du niveau moral chez l'homme et à des calamités de toute nature. La domination, dans la vie actuelle, du capital, du commerce, l'asservissement de l'homme à l'homme, sont, disent les stundistes, la cause de tous les malheurs qui sévissent sur notre terre.

A l'exemple des apôtres, les stundistes considèrent que c'est leur devoir le plus sacré de nourrir l'affamé, de vêtir le pauvre et de venir en aide au faible; beaucoup de communes possèdent des caisses de secours pour les membres indigents de la secte.

Il n'existe ni crime, ni procès, ni offenses mutuelles parmi les sectaires, et, s'il se produit quelque fait de ce genre, ils ne s'adressent jamais à la loi, ni à la police; ils tâchent d'examiner et d'arranger l'affaire entre eux.

Cette vie isolée des sectaires et leur désaccord avec la société actuelle les rendirent suspects aux yeux du gouvernement, qui les soupçonnait de mener une vie immorale, de tromper la justice en lui cachant toutes sortes de crimes et de méfaits. Ils finirent par être considérés comme une secte très-dangereuse, et le gouvernement donna pleine liberté à toutes les persécutions administratives.

Aussitôt que la nouvelle religion apparut et qu'elle se répandit avec tant de rapidité, le clergé et la police alarmés se mirent à la persécuter de toute manière.

On arrêtait les prédicateurs, on les jetait en prison, on les exilait, ou bien on les faisait soldats.

Poussée par les prêtres, la population orthodoxe se mit à sévir contre les *stundistes*. Ainsi, en 1873, ayant remarqué que l'enseignement stundiste se répandait avec rapidité, les paysans convoquèrent les hérétiques à se réunir avec eux en assemblée, le pope en tête, et essayèrent de persuader les hérétiques d'abandonner la nouvelle religion. La persuasion n'ayant pas réussi, les hérétiques furent fouettés de la manière la plus cruelle sur la place publique; le chef des stundistes, le prédicateur Morozoff, fut fouetté jusqu'à perte de connaissance, et resta estropié pour toute sa vie.

Il va sans dire qu'après de telles tortures, Morozoff fut considéré comme un martyr de la foi, obtint l'auréole de sainteté, et le nouvel enseignement prit une plus grande extension.

Un fait de même nature se répéta dans un autre endroit.

Le prêtre du village de Petrovka remarqua que

beaucoup de stundistes avaient apparu dans sa
paroisse; il soupçonna le paysan Vokaj d'être
le propagateur du nouvel enseignement. Le prêtre
le persuadait, le menaçait; mais ce fut en vain.
Alors le prêtre, accompagné d'une foule de paysans, pénétra dans la maison du schismatique.
Malheureusement pour ce dernier, il y avait sur
le mur une image avec les yeux percés. C'était
suffisant pour mettre en fureur les paysans fanatiques. L'hérétique fut saisi, traîné dans la cour,
renversé. La foule l'entoura; deux hommes le
fouettèrent avec tant de cruauté, qu'il fut obligé
de garder le lit pendant plusieurs mois.

Dans la même année 1873, les habitants du
village de Voznessensk essayèrent de convertir de
force les hérétiques à la religion orthodoxe. Cinq
cents personnes s'emparèrent des hérétiques et
les fouettèrent. L'exécution se faisait avec une
grande cruauté. Plusieurs personnes reçurent
jusqu'à cinquante coups de bâton. La paysanne
Zinovia fut traitée avec le plus de rigueur,
à cause de son zèle pour la nouvelle religion.
Elle fut fouettée jusqu'à trois fois, traînée à terre
par les cheveux; puis on exigea d'elle qu'elle
demandât pardon et qu'elle abandonnât son hérésie; sur son refus, on se remit à la battre.

— Seigneur, pardonne-leur, ils ne savent pas ce qu'ils font ! s'écriait-elle pendant que les coups de bâton pleuvaient sur elle.

Le médecin la trouva à demi morte.

Les autorités civiles poursuivaient en même temps les hérétiques qui menaçaient l'orthodoxie au midi de la Russie. On arrêtait les stundistes par centaines, et on les remettait entre les mains de la justice.

Dans l'intervalle des années 1870-1880, toute une série de procès eut lieu, dont les prévenus étaient de simples paysans aux figures bonnes et calmes. Ils étaient sur le banc des accusés, non pas pour vol ou crime, mais pour avoir refusé de fréquenter les églises et avoir prêché leurs doctrines.

« Non, nous ne faisons rien de mauvais, dirent-ils au président ; nous cherchons à déraciner parmi nous l'ivrognerie et les autres vices. Nous faisons nos prières chez nous, parce que Jésus-Christ a dit : « Là où trois se sont réunis « en mon nom, je me trouve aussi parmi eux. » Nous lisons et nous commentons l'Évangile. »

Nous pensons qu'il ne manque pas d'intérêt de citer l'épisode suivant de l'histoire des stundistes :

Parmi les prédicateurs enthousiastes de la nouvelle hérésie, le paysan Guerassime Balabane, natif du gouvernement de Kiiev, est bien connu.

Ayant été pendant quelques années au service des colons allemands, il se fit anabaptiste et épousa une Allemande. Avec l'enthousiasme d'un néophyte, il se mit à prêcher et à répandre ses nouvelles convictions parmi les Petits Russiens, choisissant ses adeptes exclusivement parmi les jeunes gens. Il prêchait dans les cabarets, les maisons particulières, et le nombre de ses adeptes augmentait de jour en jour; il les choisissait parmi les paysans les plus intelligents. Arrêté plusieurs fois, et relâché faute de preuves, il fut enfin jeté en prison pour sa propagande trop active, ainsi que onze de ses adeptes les plus zélés, parmi lesquels se trouvait une femme qui reniait publiquement les églises, les images et les popes.

L'arrestation de leur prédicateur favori causa une grande émotion parmi les stundistes, qui firent à ce propos une démonstration éclatante.

Par une matinée pluvieuse d'automne, une procession nombreuse et bruyante de stundistes parcourut les rues de la ville dans la prison de laquelle Balabane était enfermé : il y avait de jeunes et de vieux stundistes, des femmes et des enfants. Chacun tenait à la main une ficelle, sur laquelle était attachée une image qu'il traînait dans la boue. La procession se dirigea vers l'église, qui était fermée. Les stundistes envoyèrent chercher le pope, et exigèrent de lui « qu'il les débarrassât de ces idoles dont ils n'avaient nul besoin ». Le prêtre essaya de leur persuader de relever les images et de les emporter chez eux; mais, pour toute réponse, les hérétiques éclatèrent de rire. Le prêtre fit chercher la police, mais les hérétiques se mirent à la battre et l'obligèrent à fuir; ayant laissé les images aux portes de l'église, ils se retirèrent.

Cette démonstration eut pour résultat une série de procès terminés par la condamnation d'un grand nombre de stundistes à la prison et à l'exil.

Au nombre des condamnés pour propagande et excitation à la révolte, une femme attira tout particulièrement l'attention sur elle; c'est la paysanne Anastasie Likhocherstaïa. Voici comment cette paysanne est caractérisée dans l'examen médico-légal :

« On n'observa rien de particulier chez cette femme, ni avant le mariage, ni après; sa conduite était irréprochable ; calme et tranquille habituellement, elle tombait de temps en temps dans la mélancolie. Elle passait tous ses moments de liberté à lire la sainte Écriture. Jamais elle ne se mêlait des affaires des paysans ses voisins. Tout à coup, vers l'année 1875, un changement inattendu s'opéra en elle. Elle s'occupait des affaires des paysans, prenait part à leurs assemblées, prêchait la « vérité sociale », et disparaissait de la maison pendant des semaines entières.

« Un jour, elle se présenta chez le prêtre de la commune, et, après avoir récité des prières, elle lui parla de la vérité divine et humaine, lui reprocha de ne pas prendre à cœur les intérêts des pauvres gens comme un vrai pasteur aurait dû le faire.

« C'était à l'époque où les paysans s'agitaient à propos de la propriété des terres, et ne voulaient pas se soumettre aux nouvelles lois sur les lots de terrain concédés aux paysans.

« Anastasie alla de village en village, excitant les paysans à une résistance commune, les menaçant de la colère divine, et leur promettant l'arrivée de jours heureux s'ils résistaient aux lois nouvelles. Une foule de paysannes suivaient cette prédicatrice, et excitaient leurs maris à la révolte.

« Pour arrêter cette femme, la police dut soutenir plusieurs fois de suite l'attaque de la foule qui la défendait. Lorsqu'elle fut enfin amenée devant le juge d'instruction, elle se conduisit d'une manière tellement étrange, qu'on la soupçonna d'être atteinte d'aliénation mentale.

« Elle commença par faire ses prières ; puis, pendant tout l'interrogatoire, elle citait des passages de la Bible pour appuyer ses idées religieuses et socialistes. Dans la conversation ordinaire, cependant, elle conservait tout son sang-froid et parlait simplement ; mais aussitôt qu'on lui parlait de religion ou du partage de la terre, ses yeux s'illuminaient, son agitation allait croissante ; elle se mettait à menacer, à prophétiser.

« Anastasie Likhocherstaïa sait lire, elle a beaucoup lu, beaucoup réfléchi ; ayant compris certains textes de l'Évangile à sa manière, elle exige que les autorités et les prêtres se sacrifient pour le peuple, et que la terre soit partagée en parties égales parmi tous les hommes. »

Ses discours sauvages et passionnés produisaient un effet immense sur les auditeurs, d'autant plus qu'elle traitait des questions qui intéressaient le peuple : les questions de liberté de religion et de la terre libre.

Elle fut condamnée à la prison, puis à l'exil avec les autres sectaires.

Mais ces persécutions n'ont fait qu'augmenter le nombre des adeptes. Un sectaire jeté dans la prison est considéré par le peuple comme un martyr qui souffre pour la vraie foi, pour la liberté, pour le bonheur et pour la victoire des droits de l'homme. Le peuple écoute avec plus d'avidité ses accusations contre l'Église et la société actuelle, et son ardent appel à la vie sainte, libre et fraternelle.

# CHAPITRE XIII



Dans ces dernières années a paru, en Russie, une secte intéressante qui est connue sous le nom de chalapoutes, et dont les adeptes s'appellent frères spirituels. Elle en compte actuellement un grand nombre qui se trouvent disséminés dans seize gouvernements du centre et du midi de la Russie, et au Caucase. Elle est exclusivement composée, comme toutes les autres d'ailleurs, de paysans, d'ouvriers, de Cosaques et de soldats en retraite. En général, c'est la classe ouvrière qui en fournit le contingent; on n'a jamais compté parmi ces sectaires des nobles ou de riches commerçants.

Au début, vers 1860, la secte des chalapoutes avait une grande tendance pour le mysticisme. Le fond de leur doctrine était l'inspiration spontanée et la présence du Saint-Esprit parmi les

hommes. A leurs réunions, les sectaires se met-
taient à crier avec fureur; leurs prières étaient
suivies de larmes, de soubresauts, de grimaces
et d'évanouissements. Les sectaires exaltés sor-
taient dans la rue en dansant et en grimaçant,
et 'formaient des processions. Quelquefois ils
arrivaient à un tel degré d'extase qu'ils voulaient
s'envoler vers le ciel, montaient sur les toits
des maisons, et, en s'élançant, tombaient sur le
sol. D'autres attendaient tous les jours la fin du
monde, vivaient dans l'abstinence et dans le
jeûne, se couchaient dans des cercueils, etc.

Mais ce mysticisme n'envahit qu'une partie
de la secte, et ne dura pas longtemps. Le bon
sens du peuple, son amour pour la vie et le matérialisme inné chez le paysan prirent vite le dessus : la secte des chalapoutes devint rationaliste.

Elle ne possède pas de doctrines religieuses
bien développées. La conscience et l'intelligence
sont leur religion, et non pas les Livres saints,
qui ne sont pour eux qu'une source dans laquelle
ils puisent des arguments pour soutenir leurs
théories. De là, liberté pleine et entière à chacun de croire et d'interpréter la religion à sa
manière, ainsi que la liberté de conscience pour
tous.

Les chalapoutes ne croient pas aux miracles. Pour ce qui concerne la fin du monde, ils disent tout simplement qu'elle n'aura jamais lieu; le paradis, selon eux, c'est le triomphe prochain de la liberté, la fraternité, l'amour parmi les hommes.

La plupart des chalapoutes n'ont aucun service religieux; ils le remplacent par la lecture de livres moraux, les chants et les entretiens. Leurs réunions ont lieu une fois par semaine, la nuit, les portes et les fenêtres barricadées. On place devant l'izba un gardien. Ils choisissent de préférence la nuit, parce que leurs réunions sont généralement poursuivies par les autorités communales. On se réunit successivement chez tous, ou bien seulement chez ceux dont les izbas sont plus spacieuses. Là où les réunions des chalapoutes sont poursuivies, ces derniers choisissent les endroits isolés, les maisons ayant des communications avec des souterrains, ou bien ayant plusieurs issues, de manière à pouvoir fuir rapidement.

Personne ne remplit chez eux les fonctions de prêtres; en revanche, il y a des *précepteurs* ou *directeurs*. Généralement ce sont des membres qui, par leur intelligence ou leur vie exemplaire, ont mérité l'estime de leurs coreligionnaires. Il est assez intéressant de citer les paroles d'un témoin qui parle de ces précepteurs, un nommé Douply, en ces termes :

« C'est un paysan d'un village du gouvernement de Iekaterinoslav, âgé de quatre-vingts ans, de taille moyenne, toujours pâle, humble. A première vue, il fait l'effet d'un pauvre malheureux ; pourtant des milliers de sectaires obéissent à sa volonté. Il est assez riche, et père d'une nombreuse famille. Aucune affaire ne peut être conclue sans son intervention, sans l'influence de son esprit sain et pratique. Tout en ne sachant pas lire, il connaît par cœur quantité de livres ; sa maison est ouverte à tous ceux qui veulent venir s'instruire chez lui. Ses paroles respirent la simplicité, la sympathie et une connaissance sérieuse de la vie ; sa table est ouverte aux pauvres. Une moitié de sa maison est habitée par ses deux fils, leurs femmes et leurs enfants. La jeunesse travaille ensemble dans les champs et fait ménage commun, pendant que le père s'occupe à enseigner et à entretenir les sectaires et les visiteurs qui viennent tous les jours le voir par centaines. »

C'est un des nombreux précepteurs, parmi les

sectaires, qui s'est voué exclusivement à son œuvre de propagande religieuse et morale. De tous côtés, le peuple accourt chez ces apôtres, avide de vérité, cherchant à se faire instruire et consoler. Les précepteurs président les réunions, dirigent les entretiens, examinent les malentendus entre sectaires, ramassent et conservent des sommes d'argent et les dépensent selon les décisions de la majorité.

Dans leurs réunions, les chalapoutes jugent toutes les affaires de la commune et des membres isolés, s'occupent des questions financières, font des collectes pour les besoins de la commune, et s'entretiennent de questions religieuses et morales. Outre ces réunions hebdomadaires auxquelles assistent tous les habitants d'un village, les chalapoutes ont des « assemblées de Pères » plusieurs fois par an. On y discute sur la position de différentes communes, les succès de la propagande, la situation économique et morale de la secte, les persécutions auxquelles elle est en butte, etc. Les décisions de ces assemblées sont inscrites et distribuées dans toutes les communes.

Passons maintenant aux idées sociales et morales, et aux dogmes de cette secte. L'idée prédominante de leur enseignement est celle de fraternité. Tous les hommes sont frères, disent-ils, et puisqu'ils sont frères, ils doivent s'aimer les uns les autres; cet amour doit servir de base à toutes les relations des hommes entre eux.

Du principe de fraternité découlent tous les droits et les devoirs des hommes. Le premier de ces devoirs, c'est le travail. Tout le monde doit travailler. Il est injuste, même coupable, de jouir des fruits du travail d'autrui, quand on a la force de travailler soi-même. Ils renient tous les moyens illicites de faire fortune : le commerce, l'usure, la rétribution pour des fonctions sociales sont également mal vus.

Se basant sur ces principes, les chalapoutes s'adonnent exclusivement à l'agriculture. Partant de l'idée que toutes les richesses naturelles appartiennent à Dieu et non pas aux hommes, ils s'efforcent de réaliser cette idée en partageant la terre en parts égales, en fondant des communes, en venant en aide aux membres nécessiteux, en créant des caisses de secours mutuels.

Les principes communistes se manifestent sous des formes variées dans différentes communes. Quelquefois les sectaires cultivent la terre

12.

en commun, et en partagent les produits. Chaque membre apporte sa part de travail, d'outils et de semences. Le partage des produits se fait selon les besoins de chacun : on prend en considération les forces, les besoins et la situation des familles.

Mais les chalapoutes ne se bornent pas au travail collectif. Il y a des communes où non-seulement le travail est collectif, mais où la jouissance des produits l'est aussi. Il est vrai que ces communes ne sont pas nombreuses : on en rencontre cependant quelques-unes au Caucase. Voici la description que nous donne d'une de ces communes un témoin :

Le village est composé de quarante familles de chalapoutes, divisées en cinq groupes communaux. Les maisons ne sont séparées par aucun mur, de sorte que chaque commune représente une seule propriété colossale. Chaque maison est habitée par deux ou trois familles qui possèdent tout en commun. Toutes ces communes forment un groupe économique, dont les membres labourent en commun la terre. Les produits se partagent en quatre parts :

1° Les semences pour l'année suivante; 2° une provision en cas de mauvaise récolte; 3° une pour les besoins communs dans le courant de l’année; 4° une pour la vente. La part du blé, mise de côté pour les besoins de tous, se partage entre les communes d’après le nombre des habitants de chacune; l’argent reçu après la vente des céréales est employé en partie pour l’achat d’objets nécessaires aux membres de la commune, tels que : habillements, outils, etc.; le reste est versé dans la caisse commune.

La commune est gouvernée par des membres élus qui sont : le chef, le juge, le prédicateur, etc. Chaque commune possède une école que tous les enfants sont obligés de fréquenter. Tout nouvel adepte rencontre la cordialité la plus parfaite; il reçoit tous les secours dont il peut avoir besoin. S’il n’a pas de bétail, on lui en donne. C’est la commune elle-même qui se charge de lui procurer le nécessaire, de lui construire une maison, etc. Les mêmes secours sont offerts à tous les membres qui ont été victimes d’un accident quelconque : incendie, maladie ou autre calamité.

Les orphelins et les veuves sont l’objet d’une sollicitude toute spéciale de la part de la commune : on leur donne les produits nécessaires à leur existence, les vêtements; on soigne leurs maisons; on surveille leurs travaux.

Mais la sphère de secours mutuels ne se borne pas aux membres de la même commune, car les communes les plus riches viennent en aide aux communes moins fortunées, et pour cela fondent des caisses de districts. Dans le gouvernement de Tambov, il y a une caisse centrale qui vient en aide à toutes les communes chalapoutes.

Sous l'influence du sentiment de fraternité dont ils sont animés, les chalapoutes forment souvent des familles collectives composées de plusieurs familles, qui ne sont unies par aucun lien de parenté, ce qui ne les empêche pas de vivre en bonne intelligence. En général, la famille, chez les chalapoutes, présente un caractère très-curieux. Au commencement, ces sectaires se sont montrés hostiles au mariage, et la moralité consistait, pour eux, dans l'abstinence et le célibat.

Mais actuellement l'immense majorité des sectaires ne renonce pas au mariage, et n'exige de ses adeptes que de la modération. L'amour doit servir de base à toutes les unions, qui dans le cas contraire sont envisagées comme immorales. Deux époux qui n'ont pas une affection mutuelle doivent se séparer aussitôt qu'ils se joignent à la secte. Souvent de tels époux continuent à habiter sous le même toit, mais leur union est simplement, pour ainsi dire, économique, car tous rapports sexuels ont cessé entre eux. La femme n'est, dans ces circonstances, qu'un *camarade;* elle aide son mari dans les travaux du ménage et soigne ses enfants. Les chalapoutes remplacent le mariage sanctionné par la loi et la religion par le mariage fondé sur l'amour. Des mariages libres s'accomplissent chez les chalapoutes par le simple consentement des deux parties; on se contente d'annoncer l'union à la commune, dont les chefs bénissent les nouveaux époux.

Malgré cette liberté absolue, les observateurs les plus compétents affirment n'avoir constaté ni dissolution de mœurs ni dépravation. Au contraire, tant les amis que les ennemis des chalapoutes sont d'accord sur leur haute moralité, leur sobriété, leur amour du travail et leur honnêteté.

Se considérant comme les seuls vrais chrétiens, les chalapoutes sont persuadés que le jugement dernier est déjà terminé, et que les hommes qui se trouvent sur la terre ne doivent pas attendre le royaume des cieux, mais chercher le bonheur ici-bas; l'idéal de ce bonheur est la dissolution de la société actuelle, et le triomphe de l'amour, de l'égalité et de la vie selon les principes communistes.

# CHAPITRE XIV



Nous passons enfin à un fait tout récent du mouvement sectaire en Russie : à la description d'une secte dernièrement découverte et étudiée : la secte du paysan Basile Soutaïeff.

Le lecteur a eu déjà l'occasion de constater, dans le courant de ce travail, que les variétés innombrables de sectes russes se divisaient en groupes vagabonds et en groupes à domicile fixe; en groupes qui ont déjà organisé leur vie sociale, qui ont une forme d'existence bien définie, et, d'un autre côté, en personnalités séparées, qui ne forment encore aucun groupe et qui se contentent de critiquer les conditions de la vie actuelle, « l'homme tel qu'il est », qui cherchent la vérité morale, qui prêchent dans le peuple la vraie religion, l'amour, la fraternité et la justice.

L'enseignement moral et religieux de Soutaïeff, qui a fait tant de bruit dans la presse russe il y a deux ou trois ans, et qui, comme nous le verrons plus tard, a exercé une grande influence sur le comte Tolstoï et l'a poussé au schisme, appartient à cette dernière catégorie de faits.

« Beaucoup de questions, dit un écrivain russe qui s'occupe spécialement de l'étude des sectes, M. Prougavine, ont mûri dans la tête du paysan et le préoccupent. Jamais la vie du paysan n'a présenté un intérêt plus palpitant que de nos jours. Tous ceux qui se trouvent dans les campagnes ces derniers temps ont observé qu'il se produisait actuellement dans la masse du peuple une agitation sourde, confuse, mais continuelle... » On dirait que la campagne est dans l'attente d'un grand événement. Cette idée fait des progrès tous les jours; une force vive, un élan puissant et passionné, longtemps contenu, tend actuellement à se faire jour. Les anciennes bases de la vie s'écroulent, et il ne s'en trouve pas de nouvelles. Dans ce moment, l'agitation prend souvent la forme de certains enseignements fondés habituellement sur quelque thèse de l'Écriture sainte, qui parlent de vérité, d'amour et de justice; le peuple y trouve un point de comparaison pour la critique de l'organisation actuelle de la société, des directions de la vie contemporaine. Le lecteur connaît, par les chapitres précédents, quels sont le caractère et la direction de cette agitation ; elle se traduit par une quantité de sectes religieuses ayant une doublure à moitié socialiste et à moitié anarchiste ; détourner le peuple du gouvernement actuel et de l'Église actuelle, — telle est la tendance de cette agitation.

En 1880, le *Messager de Tver* annonça qu'une nouvelle secte avait paru dans l'une des communes de ce gouvernement, fondée par le paysan Basile Soutaïeff. D'après toutes les données, cette secte avait un caractère rationaliste, parce qu'elle rejetait le clergé, le service religieux, les images et les sacrements. Ses adeptes refusaient de faire le service militaire, de prêter serment, considéraient tous les hommes comme leurs frères et prêchaient la communauté des biens. Bientôt après, le fondateur de cette secte ne tarda pas à être découvert; il fut cité devant le tribunal à la suite de la dénonciation d'un pope, qui l'accusait de n'avoir pas voulu baptiser son fils. Qui était-ce que le fondateur de cette secte nouvelle ? Le public doit la connaissance et la description des soutaïevtsy à l'un des observateurs les plus connus du schisme russe, M. Prougavine.

Soutaïeff est un simple paysan russe, illettré, du gouvernement de Tver, situé au centre de la Russie. De même que la plupart des paysans de sa commune, il s'en allait à Pétersbourg gagner sa vie; maçon habile, il gagnait suffisamment d'argent dans un atelier considérable de maçonnerie.

Depuis son jeune âge, il manifestait une grande tendance à la rêverie, à la mélancolie, et un goût marqué pour les conversations religieuses. La vie environnante ne le satisfaisait pas. La misère, l'ivrognerie, l'immoralité et le mensonge qu'il rencontrait à chaque pas, choquaient sa nature droite et honnête, et, à l'égal de beaucoup d'autres chercheurs de vérité, il se mit à réfléchir sur la question de savoir comment il fallait s'y prendre pour arranger la vie selon la morale et la religion idéale.

Maintes fois il s'adressa aux prêtres, dont l'un, à Pétersbourg, lui conseilla de lire l'Évangile. C'était un problème impraticable pour Soutaïeff, qui ne savait pas lire. Mais la soif de la vérité l'emporta, et il se mit à étudier avec zèle. Il dut

faire de grands efforts pour vaincre cette difficulté; mais une fois qu'il sut lire, il se plongea
avec passion dans la lecture de l'Évangile.

« J'achetai l'Évangile, raconte-t-il, et je me
mis à l'étudier, je tâchai de le comprendre autant que mon intelligence me le permettait... Et
je finis par me persuader que le mensonge régnait dans l'Église, qu'il régnait autour de moi,
chez les hommes, dans les institutions, en un
mot, partout. Je me mis à chercher la vraie foi,
et je la cherchai longtemps... »

A force de critiquer, de chercher la vérité,
Soutaïeff en vint peu à peu à rejeter toutes les
institutions des hommes, dans leurs formes actuelles. Un jour, il porta à l'église son fils, qui
venait de mourir, pour le faire enterrer. Le pope
lui demanda cinquante kopecks pour l'enterrement. Soutaïeff ne pouvait pas en donner plus de
trente. On se mit à marchander devant le cadavre. Le père, indigné, déclara qu'un enterrement
dans ces conditions ne pouvait ouvrir à l'âme de
l'enfant les portes du paradis; aussi emporta-t-il
le cadavre chez lui, et l'enterra-t-il dans sa cour.
Une autre fois, le pope alla chez lui, pour baptiser un enfant qui venait de naître. Soutaïeff vint
à sa rencontre, l'Évangile à la main, et chercha

à lui prouver qu'on ne pouvait baptiser que les adultes, quand ils en exprimaient le désir, à l'exemple du Christ. Le prêtre, irrité, lui arracha le livre des mains, le jeta à terre. Le paysan fut terrifié de l'injure commise contre la parole du Seigneur ; il détesta le prêtre à partir de ce jour, abandonna l'Église et ne fit plus baptiser ses enfants.

Une fois dans cette voie, Soutaïeff ne s'y arrêta pas. Il se mit à critiquer et à renier tout ce qui l'entourait. Il s'indignait contre les personnes qui amassaient de l'argent, en général ; contre le commerce en particulier. En observant son patron, l'entrepreneur de maçonnerie, il ne tarda pas à s'apercevoir que ce dernier falsifiait la marchandise qu'il vendait ; qu'il cherchait à prendre à l'acheteur le plus d'argent possible, à tromper l'ouvrier. « Il commet ce crime, et pourquoi ? pour amasser un capital, tandis qu'un vrai chrétien n'a besoin ni de capitaux ni d'intérêts. » Soutaïeff, indigné, abandonne son métier, et revient à la campagne s'adonner à la culture de la terre, le seul travail juste et pieux.

Pendant son séjour à Pétersbourg, à force de travail pénible, il avait fini par ramasser une somme assez considérable pour un paysan. Maintenant, cet argent lui pèse; il jette dans le fourneau les billets de·banque, et distribue aux indigents les pièces en argent. Quant à lui, il n'a besoin que de ses mains, qui peuvent travailler. A la campagne, il trouve la même immoralité, le même mensonge, la même ivrognerie, en commençant par le pope, l'administrateur, et en finissant par le paysan. Soutaïeff se met alors à prêcher la morale par la parole et par l'exemple; il crée un nouvel Évangile, qui reçoit le nom d'Évangile de Soutaïeff

« Je ne veux pas créer une secte nouvelle, dit-il, je veux simplement apprendre aux hommes à être de vrais chrétiens. »

Le vrai christianisme consiste dans l'amour pour le prochain. Là où l'amour est présent, Dieu est présent aussi; là où il n'y a pas d'amour parmi les hommes, la grâce de Dieu ne peut pas y être.

Ces paroles seules expriment toute la morale, toutes les lois. On dit qu'il existe sur la terre beaucoup de religions. Tout cela n'est que le résultat de la bêtise humaine; tous les hommes doivent se réunir et ne former qu'une seule religion : la religion de l'amour du prochain et de la miséricorde; ils doivent abandonner toutes les querelles au sujet des cérémonies religieuses et des formes extérieures du culte. C'est dans cette religion-là que se trouvent la vérité et le salut.

— Qu'est-ce que la vérité? demanda à Soutaïeff l'un de ses auditeurs.

— La vérité, c'est l'amour dans la vie communale, répliqua avec conviction Soutaïeff.

Toutes les manifestations extérieures de la religion et du culte ne rendent pas l'homme meilleur. Soutaïeff rejette les cérémonies religieuses comme des choses inutiles, qui ne servent qu'à cacher l'hypocrisie. Le but de la religion, c'est le perfectionnement moral; les prêtres peuvent exister, mais seulement en qualité de prédicateurs de la vérité, de défenseurs de la justice, pour donner un bon exemple.

Nous avons déjà dit que Soutaïeff avait enterré lui-même un de ses enfants, qu'il avait refusé d'en baptiser un autre jusqu'à sa majorité; de même, lorsque le moment vint de marier sa fille, il fit venir le fiancé de Pétersbourg, et donna lui-même la bénédiction nuptiale, exhortant les jeunes époux à mener une vie morale et juste.

Soutaïeff et ses adeptes ne croient ni au diable ni aux anges; ils rejettent également tout mysticisme et toute superstition, ainsi que la foi dans l'invisible et le surnaturel.

Parmi les saints, ils ne respectent que ceux qui ont donné un exemple de bonté et de moralité. Soutaïeff n'a pas d'idée bien nette sur la vie future, pour laquelle il est très-indifférent, d'ailleurs.

Le paradis doit se réaliser sur cette terre, lorsque la vérité et l'amour triompheront. Ce qui se passera là, dit-il en montrant le ciel, je ne puis le dire, n'y ayant jamais été; peut-être qu'il n'y a rien d'autre que des ténèbres éternelles.

Nous ne devons nous préoccuper que du bonheur et de la justice sur cette terre.

La question de la régénération morale de l'homme est étroitement liée à la question économique et sociale. Le péché principal, l'erreur de l'homme, c'est de vouloir faire de la terre une propriété particulière : de là l'inimitié, la haine, la jalousie, la misère. Pour délivrer les hommes de toutes ces misères, de ce « péché », il est indispensable d'établir la propriété commune d'abord pour la terre, comme étant la source de toute richesse; puis, pour tout le reste. La propriété privée est la source de tous les malheurs, de toutes les imperfections mo-

rales : le partage des biens est donc indispensable ; il faut que les propriétaires rendent la
terre dont ils se sont emparés d'une manière
arbitraire, et qu'ils se mettent à travailler comme
tout le monde, pour gagner leur vie. C'est alors
seulement que régneront la paix, l'amour et la
fraternité.

Mais comment réaliser tout cela ? Soutaïeff
rejette toute violence, toute lutte les armes à la
main ; il est profondément convaincu de l'influence que l'on exerce en prêchant l'amour et
l'équité, ainsi que de la conversion graduelle de
tous les hommes.

Si on lui demande ce qu'il faut faire si les
riches refusent de restituer la terre, Soutaïeff
répond :

— On peut les convaincre ; ils finiront par
comprendre que leur vie n'est que mensonge
et injustice, et par la renier eux-mêmes.
Quant à ceux qui persisteront dans le mal, ils
ne seront pas reçus dans la communauté des
fidèles. La suppression de la propriété sur la
terre, et l'organisation d'une vie communiste,
amèneront nécessairement avec elles la suppression des capitaux personnels, des intérêts, du
commerce et de l'argent.

La guerre et les soldats deviendront alors complétement inutiles ; les hommes de toute nationalité, de toute religion, sont frères et les enfants du même père, le Créateur de l'univers ; pourquoi se querelleraient-ils ? Personne ne nous attaquera si nous sommes pleins d'amour et de miséricorde.

Cette foi dans la fraternité des hommes, cette haine de la guerre, sont tellement puissantes chez Soutaïeff et ses adeptes, qu'ils croient de leur devoir de refuser à faire leur service militaire. Lorsque l'un des fils de Soutaïeff fut enrôlé, il ne voulut jamais prendre un fusil en main, alléguant à l'appui de sa conduite les textes de l'Évangile. Aucun argument de l'officier ne l'en dissuada. On le punit et on l'enferma dans un cachot. Le conscrit refusa toute nourriture, de sorte que l'on fut obligé de le relâcher et de l'envoyer au régiment des pénitents, à Schlüsselburg, où il se trouve jusqu'à présent.

Les idées de Soutaïeff sur l'État et le pouvoir sont un peu vagues, comme d'ailleurs celles de tous les autres sectaires à ce sujet.

Ne s'occupant que du perfectionnement moral de l'humanité, ils négligent la forme de gouvernement, la laissant responsable devant la Divinité. Le vrai pouvoir doit s'occuper des intérêts du peuple, disent-ils ; s'il ne remplit pas ce rôle, que Dieu en soit juge.

Soutaïeff reconnaît cependant au peuple le droit d'attirer l'attention du pouvoir sur les erreurs qu'il commet. Un jour, il entreprit un voyage à Pétersbourg dans l'intention d'avoir une entrevue avec l'Empereur et de lui dire toute la vérité. Quelle fut son indignation lorsque non-seulement on ne lui permit pas de voir l'Empereur, mais qu'on l'expulsa de Pétersbourg !

Les premiers adeptes de Soutaïeff furent les membres de sa famille : sa femme, ses fils, ses belles-filles, qui tous croyaient fermement dans sa sainteté et dans la vérité de son enseignement.

Toute cette famille nombreuse habite une maison commune, travaille en commun, et jouit en commun des fruits de son labeur. L'ordre et la propreté règnent dans la maison, ainsi qu'une moralité évangélique. On y observe un grand bien-être. Par sa manière de vivre, la famille ne diffère nullement de celle des autres paysans. Les images manquent complétement dans cette famille, qui ne baptise pas ses enfants, qui n'appelle pas de prêtre pour enterrer ses morts, qui ne se marie pas à l'église, mais se contente, pour contracter le mariage, de la bénédiction du père.

Soutaïeff tenta d'organiser une communauté fraternelle fondée sur les principes de son enseignement. Beaucoup de ses adeptes répondirent à son appel, et vinrent placer entre ses mains leurs biens, le priant d'en disposer à son gré.

Plusieurs personnes ayant entendu parler de son enseignement, vinrent de loin et le prièrent de les recevoir dans leur commune. La commune fut enfin organisée, et commença à fonctionner. Mais on dit qu'un malfaiteur se faufila parmi eux, qu'il exploita les paysans. Des querelles et des plaintes s'ensuivirent; elles attirèrent l'attention de l'administration, qui fit une enquête, et la commune fut dissoute.

Les soutaïevtsy durent se contenter de la propagande religieuse et morale, tout en conservant l'espoir de reprendre la tentative de l'organisation d'une commune, mais sur des bases bien plus larges.

Soutaïeff mène la vie d'un simple paysan, donnant l'exemple de la miséricorde chrétienne et du communisme. Ainsi, on raconte qu'un soir, étant allé à sa grange, il y trouva plusieurs hommes en train d'emporter des sacs de farine. Sans mot dire, il entra dans la grange, et y trouva un sac que les voleurs n'avaient pas encore emporté. Il se mit à la poursuite des voleurs, et les ayant rejoints :

« Mes frères, dit-il, comme vous devez avoir besoin de pain, prenez ce sac que vous avez oublié. »

Le jour suivant, les voleurs, s'étant repentis, lui rapportèrent ses sacs de farine en lui demandant pardon.

Une autre fois, ayant entendu une veuve se plaindre qu'elle n'avait pas les moyens d'arranger le toit de sa maison, Soutaïeff, par une nuit sombre, apporta une charretée de branches sèches, et les déposa doucement à sa porte. La veuve pensa immédiatement que Soutaïeff seul avait pu lui rendre ce service. Le jour suivant, elle se rendit chez le sectaire :

« Pourquoi m'as-tu apporté du bois? Tu sais bien que je ne puis te le payer !

— Pourquoi me payer? Lorsque j'aurai besoin d'un service, je te le demanderai. »

Un soir, une mendiante frappa à la porte de Soutaïeff, et lui demanda asile pour la nuit.

Après lui avoir offert à manger, on lui permit de se coucher. Le lendemain, toute la famille alla travailler au champ. Restée seule, la mendiante visita les coffres, et, ayant ramassé tous les objets de valeur qu'elle y avait trouvés, elle s'enfuit.

Malheureusement pour elle, des paysans, travaillant au champ, l'aperçurent et l'arrêtèrent. Ils visitèrent son paquet, et, s'étant assurés du vol, ils la menèrent chez le maire, après lui avoir attaché les mains.

La famille Soutaïeff accourut aussi au bruit qu'elle entendit :

« Pourquoi l'avez-vous attachée? demanda le sectaire.

— C'est une voleuse, elle doit être jugée! s'écrièrent les paysans.

— Ne jugez pas, et vous ne serez pas jugés! prononça le sectaire d'une voix solennelle. Chacun de nous est coupable en quelque chose. A quoi bon la juger? On la jettera en prison, la malheureuse; quel bien cela fera-t-il? Donnez-lui à manger plutôt, et qu'elle parte avec la grâce de Dieu. »

Ce trait de miséricorde chrétienne et d'amour du prochain produisit une révolution profonde dans la personne du comte Tolstoï, comme il le dit lui-même, et le poussa à rompre complétement avec son passé et à imiter Soutaïeff. Il va sans dire que ce sectaire produit une influence bien plus profonde sur l'esprit simple et inculte des paysans en quête de vérité. C'est là le champ de la propagande que mène Soutaïeff tant par la parole que par l'exemple. On compte plus de mille personnes appartenant à différentes classes de la société qui se sont jointes à son enseignement, et qui viennent de loin écouter sa parole enthousiaste. Un certain nombre ne sont que des curieux, mais la majorité vient là pour s'instruire et trouver le salut et la vérité.

Soutaïeff est particulièrement intéressant pour nous, parce qu'il représente le type du sectaire rationaliste avec ses croyances, son idéal de bien et de moral, son éternelle recherche de la vérité, ses transitions du doute maladif et douloureux à l'enthousiasme le plus fanatique.

Souvent après de longues discussions, raconte Prougavine, il était assis, plongé dans des réflexions profondes, les yeux fixés dans le lointain.

« Si quelqu'un pouvait me dire, s'écriait-il tout à coup au milieu de ses réflexions, en quoi je me trompe, et où est la vérité, je lui donnerais toute ma vie, je deviendrais son esclave ! »

Mais le doute disparaît ; la foi dans l'homme qui est sorti pur des mains de son Créateur, la foi dans la régénération morale, dans la réorganisation d'une vie nouvelle fondée sur l'amour et la fraternité générale, — cette foi prend le dessus, et le sectaire s'adonne de nouveau à ses prédications fanatiques :

« Tu donneras ton âme pour ton prochain », a dit Jésus-Christ. « Allez, et prêchez la vérité, dit Soutaïeff. On nous persécutera, on nous jugera. — Qu'ai-je à craindre du tribunal ? On me mettra en prison, on m'exilera au Caucase, en Sibérie ? Je trouverai partout des hommes prêts à écouter la parole de la vérité ; je n'ai pas peur des souffrances corporelles, je n'ai même pas peur de la mort, pourvu que mon âme reste pure ! — Qu'on me saisisse, que l'on m'enterre tout vivant, — je suis prêt, je veux souffrir pour la vérité, pour mes frères ! »

# CHAPITRE XV



Nous avons décrit dans leurs traits essentiels les sectes rationalistes les plus importantes et les plus développées. Cet aperçu rapide donnera au lecteur une idée nette sur cette fermentation des idées religieuses et morales qui se passe dans l'esprit des masses ignorantes du peuple russe. La première partie de notre travail est consacrée aux sectes mystiques, dont le caractère sombre et fanatique pousse ses adeptes à renier la vie, à la fuir, à s'adonner au désespoir, parfois même au suicide.

Ces sectes sont composées plutôt d'éléments antisociaux, d'éléments destructeurs que d'éléments créateurs. Heureusement qu'elles n'entraînent que les natures maladives, qui ont perdu leur équilibre psychique; elles se trouvent en désaccord complet avec les exigences de la vie réelle et de l'organisme humain; elles diminuent visiblement ces derniers temps et cèdent la place aux sectes *rationalistes*, qui, elles, sont en quête de la justice réelle et pratique.

Les sectes, en Russie, prennent naissance par suite du mécontentement général de la vie actuelle, grâce au désir ardent qui anime le peuple de créer des formes d'existence sociale plus convenables et plus avantageuses.

Dans ces sectes, l'élément religieux n'est que le motif, le point de départ d'une réorganisation de la vie sociale et économique sur des bases nouvelles.

Pendant que le gouvernement persiste dans les anciens principes d'administration, malgré les nouvelles idées de droit et de civilisation, et ne veut pas admettre les nouvelles exigences de la vie sociale, le peuple, étranger à la science et à la civilisation, semble lui échapper, ainsi qu'à l'Église de l'État, étroitement liée à ce dernier; tout en se soumettant formellement, le peuple tend à arranger sa vie selon ses idées à lui sur la morale et la justice sociale.

Tandis que l'ouvrier des pays occidentaux se groupe et s'organise autour du socialisme militant pour lutter contre la bourgeoisie, le capitalisme et l'organisation sociale actuelle, l'ouvrier et le paysan russes préfèrent la protestation, pour ainsi dire, passive, et, au lieu de s'organiser en groupes militants et révolutionnaires, ils tendent à fuir le gouvernement actuel et les lois sociales; ayant fondé leur idéal sur les lois de la morale chrétienne, le droit naturel de l'homme, ils forment des groupes religioso-socialistes qui ne luttent pas contre la société actuelle, n'appellent pas à la révolution, mais qui prêchent le perfectionnement moral de l'homme, et ne demandent qu'une chose, — qu'on les laisse vivre à leur guise.

Il serait difficile d'affirmer lequel de ces deux moyens de progrès est le plus juste et le plus efficace.

L'idée suivante se manifeste dans toutes les sectes rationalistes de la Russie : « Que les autres vivent comme ils l'entendent, nous ne sommes pas appelés à employer la force pour renverser la société. Nous ne demandons que la liberté de vivre et d'arranger notre vie comme nous l'entendons. Nous sommes persuadés que la vérité et l'équité sont de notre côté. L'exemple que nous donnerons d'une vie équitable, morale et heureuse engagera les autres à se joindre à nous, et lorsque la majorité vivra et pensera comme nous, le vieux monde, l'ancien ordre de choses, s'écroulera par lui-même, sans aucun effort de notre part pour le renverser, sans lutte des classes et des partis, sans effusion de sang. »

D'après le témoignage des observateurs compétents, les sectes attirent tout ce qu'il y a d'intelligent et d'énergique dans la masse populaire, tous ceux qui, mécontents des conditions actuelles de la vie, cherchent une issue à leur position précaire, et ont des aspirations morales particulières.

En Russie, où règne la centralisation la plus complète, l'homme de talent, l'ouvrier intelligent ne peut avoir aucune carrière politique; il est naturel donc que cet homme dirige toutes ses forces intellectuelles vers les questions de morale et de religion, et qu'il y cherche la solution des questions sociales. « Chercher la vérité et le salut » — est une maxime très-répandue et dans le peuple et dans la société russe.

Comme nous le verrons plus loin, dans la société civilisée aussi, les natures honnêtes et exaltées se jettent dans les systèmes de morale et de religion, et ne voient le salut que dans la régénération morale de l'humanité.

Nous constatons exactement le même fait, mais à un degré plus étendu seulement, dans le peuple.

Même là où la secte ne s'est pas encore organisée, des prédicateurs et des prophètes vont de village en village dans le peuple, lui enseignant la vraie religion et la morale, l'équité et la vérité sociale, et lui montrant le vrai chemin du salut.

Ainsi, par exemple, au commencement de l'année 1870, on remarqua une grande fermentation religieuse des esprits à l'est de la Russie d'Europe, dans le gouvernement de Perm. Des penseurs, des prédicateurs populaires apparurent parmi les paysans, prêchant non-seulement le perfectionnement moral, mais la réorganisation sociale. Les mots de fraternité, de justice économique, d'égalité, etc., allaient de bouche en bouche. L'un des instigateurs de ce mouvement fut le Cosaque Basile Balabanoff, qui devint plus tard le fondateur d'une nouvelle secte.

C'était, dit son biographe, un sectaire typique, dont la conception de l'univers n'était pas exempte d'un certain degré de mysticisme. Balabanoff appartenait au milieu cosaque orthodoxe du gouvernement d'Orenbourg. Il manifestait depuis longtemps des tendances religieuses; il causait volontiers religion et morale avec les moines et les pèlerins qui fréquentaient son village. Depuis longtemps aussi, l'idée du salut de l'âme et d'une vie équitable s'était emparée de son esprit. Il avait des visions, pendant la nuit, qui lui dévoilaient des mystères et qui lui donnaient des réponses sur les questions qui le tourmentaient. Il s'habitua à envisager ces visions comme des êtres réels, et se persuada peu à peu qu'il avait une mission à remplir sur cette terre, celle de réorganiser la société.

Devenu grand, il visita les sectaires, les ermites, les moines, discuta avec eux et fréquenta leurs réunions.

Il se forma bientôt dans son esprit tout un système de morale sociale et religieuse, qu'il se mit à prêcher. Le peuple en foule se porta chez lui pour écouter ses discours et ses commentaires de l'Évangile. Balabanoff ne mangeait qu'un peu de pain avec de l'eau, après le coucher du soleil; souvent il passait des semaines sans prendre d'aliments. Il fut considéré et respecté à l'égal d'un saint. Ces fatigues, ces privations lui donnèrent des hallucinations; il voyait des feux mystérieux qui descendaient du ciel, des étoiles, etc.

Il passa bientôt du domaine de la morale et de la religion dans le domaine social et économique, et finit par créer une nouvelle secte complétement organisée. Le mysticisme et l'extase furent peu à peu repoussés au second plan, et firent place aux problèmes de la vie pratique, tels que l'organisation du travail, la distribution des biens, etc. La parole du prédicateur acquit une grande puissance dans tout le gouvernement.

Des prédicateurs de ce genre sont, pour ainsi dire, l'âme vivante de chaque commune de sectaires. On trouve de ces maîtres partout dans les sectes. Il faut posséder pour cela une grande énergie, une foi sincère, une connaissance profonde de la sainte Écriture, une grande mémoire, un esprit de critique très-adroit, capable d'expliquer toute difficulté de texte et de résoudre toutes les difficultés qui se présentent dans la vie pratique.

L'activité principale d'un de ces maîtres sectaires consiste dans l'explication de l'Écriture sainte, les prédications, et la solution des questions en litige de la vie communale.

Les prédicateurs qui ont le plus de talent deviennent des prédicateurs de tout un district;

ils n'ont pas de domicile fixe : ce sont des prédicateurs errants. Des réunions et des assemblées continuelles exigent leur présence dans différents endroits, et par conséquent des déplacements continuels. Ils dirigent ces assemblées, amènent les discussions sur des questions de première nécessité, apprennent à les formuler d'une manière pratique. Ils sont aussi les exécuteurs des principes établis par ces assemblées. Des centaines de villages se trouvent sous leur direction; ils y mènent la propagande, ils instruisent le peuple, résolvent les querelles et les questions en litige, selon les dogmes de religion et de morale élaborés par les sectes.

Il arrive souvent, parmi les sectaires russes, que les femmes remplissent le rôle de prédicateurs. Une simple paysanne, nommée Khvostoff, fut une prédicatrice de ce genre dans le gouvernement de Perm. Aveugle de naissance, elle manifestait depuis son jeune âge une grande tendance à la rêverie, aux chants religieux, aux conversations religieuses avec les moines errants et les pèlerins. Elle s'installa dans une cabane solitaire, et consacra sa vie à l'étude de la sainte Écriture qu'un vieux soldat lui lisait. Elle se plongeait de plus en plus dans le mysticisme, passait son temps à jeûner et à prier, et finit bientôt par avoir des communications mystérieuses avec Dieu et le ciel. Sa popularité devint immense dans le peuple, qui la considéra comme une sainte, une illuminée. On venait chez elle en pèlerinage, on lui demandait des conseils.

Son exaltation extraordinaire lui conquit la foule, elle finit par se persuader elle-même de sa sainteté, et s'imagina qu'elle pouvait s'élever au ciel; quoique cette ascension ne réussît pas, la foi dans cette femme n'en fut pas ébranlée, d'autant plus que son exaltation et son mysticisme ne l'empêchaient nullement de donner des conseils de vie pratique aux paysans, et de devenir un défenseur acharné des intérêts du peuple.

Malgré les excès religieux et sociaux dans lesquels les sectaires tombent fréquemment, l'influence moralisatrice qu'ils exercent sur le peuple russe ignorant et illettré est très-considérable. Il se fait un travail intellectuel incessant dans les têtes des sectaires, travail qui se manifeste par l'élaboration de nouveaux principes de vie individuelle et de nouvelles formes d'organisation de la famille et de la société. Les sectes se créent un milieu qui leur facilite la lutte contre l'état économique de la société actuelle, fondé sur la concurrence et l'oppression du faible. Enfin, dans les sectes, le paysan grossier et ignorant s'élève à la critique des formes politiques et sociales, aux idées de fraternité parmi les hommes et les peuples, au respect de l'individu sans distinction de race ni de caste.

La majorité des sectaires trouve que la société, telle qu'elle existe, est le résultat de la dépravation extrême des hommes. « Dieu, disent-ils, a donné à l'homme la terre et tout ce dont il peut avoir besoin. » Mais celui-ci, dans sa corruption, profite de ces bienfaits pour s'enrichir; il ne se contente pas de vendre les dons de Dieu, mais encore il trafique avec sa conscience, sa foi et sa personnalité même. Dieu a ordonné aux hommes de s'aimer les uns les autres comme des frères; mais les hommes n'ont pas voulu être frères, les forts ont préféré dominer les faibles et les tyranniser.

Les molokany, par exemple, repoussent toute distinction de classe. « Il ne faut ni inférieurs, ni supérieurs, ni oppresseurs, ni opprimés. » Le pouvoir et l'autorité, prêchent les stundistes, n'existent que pour les méchants et les dépravés; quand tout le monde deviendra bon, le gouvernement disparaîtra de lui-même. La guerre est un crime des plus affreux, selon eux; aussi emploient-ils tous les moyens pour s'affranchir du service militaire.

Certains sectaires s'élèvent contre les rapports sexuels; il faut vivre avec sa femme comme avec une sœur, enseignent-ils. D'autres, tout en admettant les rapports sexuels, prêchent la modération. Les unions, chez les sectaires, ne peuvent être fondées que sur l'amour; elles sont dissoutes aussitôt que l'amour et la bonne intelligence ont cessé d'exister dans un ménage, et que l'harmonie ne règne plus dans la famille. Le père n'est pas un chef tout-puissant, un despote; ce n'est que le membre le plus âgé et le plus expérimenté de la famille. Sa femme est son égale en tout.

La base de toutes relations de famille, enseignent les sectaires, doit être une extrême bienveillance des uns envers les autres. L'égalité et l'indépendance de chaque membre de famille sont maintenues par le contrôle de toute la commune des sectaires. Toutes les fois que les droits d'un individu sont violés arbitrairement par l'un des membres de la famille (que ce soit le père ou le mari), la commune intervient, et défend le faible et l'opprimé.

Dans la majorité des sectes, les enfants des

deux sexes et la femme ont droit à une part égale de l'héritage.

En général, la position de la femme, chez les sectaires, est bien meilleure que chez les orthodoxes. La femme n'est pas seulement l'égale de l'homme au point de vue de la fortune, mais elle jouit aussi des mêmes droits que lui; elle a la liberté de disposer de son sort comme bon lui semble. Le mariage est une des conventions les plus ordinaires de la vie; aussitôt que les époux ne se conviennent plus, le mariage peut être dissous.

Le travail est, chez les sectaires rationalistes, la base de l'organisation sociale. « Tu gagneras ton pain à la sueur de ton front », dit l'Écriture. Tous les hommes sont donc obligés de travailler; mais comme la terre, l'air, l'eau et les plantes sont l'œuvre de Dieu, les hommes n'ont pas le droit de les considérer comme leur propriété. C'est donc un péché de payer pour la jouissance de la terre ou de la forêt : chacun a droit à autant de terre qu'il en a besoin.

Un des traits caractéristiques des sectaires russes en général, c'est qu'ils repoussent toute idée de propriété particulière, et qu'ils ne reconnaissent que la propriété collective; cette

idée de propriété collective va quelquefois jusqu'au communisme, comme nous avons pu le
voir dans quelques-unes des sectes décrites plus
haut. La majorité des sectaires repoussent le commerce, et n'admettent pas l'utilité de l'argent.
Selon eux, dans la société à venir, l'échange
en nature existera seul; l'argent ne sera plus
employé.

L'idée de fraternité, chez la plupart des sectaires, occupe un rôle important dans tous leurs
enseignements. Tous les hommes sont frères;
étant frères, ils ne doivent ni tuer ni voler les
uns les autres : la guerre est donc un acte cruel
et immoral. Comme frères, les hommes doivent
vivre en paix les uns avec les autres, travailler.
Le bon accord et l'amour doivent exister parmi
eux. Quelques sectaires se donnent le nom de
frères et de sœurs, et s'embrassent lorsqu'ils se
rencontrent.

Le principe de secours mutuel est aussi l'un
des traits caractéristiques des communautés sectaires. Ils cherchent à protéger leurs membres
contre la ruine, à les soutenir lorsque ceux-ci
sont dans l'indigence, lorsqu'ils sont atteints de
maladies, ou d'un autre malheur quelconque.
Dans les communautés où la propriété collective

n'existe pas, les sectaires riches croient de leur devoir de donner une part de leurs revenus au profit des pauvres. Ils manifestent la plus grande indifférence envers le gouvernement; la majorité l'envisage comme un mal inévitable, qui est le résultat de l'imperfection morale de l'homme. Le gouvernement doit disparaître, selon eux, lorsque la majorité des hommes comprendra la vérité morale et vivra comme des frères les uns avec les autres. En attendant, les sectaires se soumettent formellement au gouvernement; ils lui payent les impôts, et cherchent à éviter toute relation avec lui. Il n'y a que quelques sectes seulement, telles que les « bégouny » et les « négateurs », qui nient d'une manière nette et définie le gouvernement dans son principe même, le considérant comme dangereux et inutile; ils renient tout devoir envers lui. Pour atteindre ce but, les uns s'enfuient dans les forêts et les déserts; les autres protestent simplement par un silence absolu, et supportent avec un stoïcisme remarquable le fouet et la réclusion.

Tout gouvernement, d'après les fuyards, appartient à l'Antechrist, qui, au moyen des institutions de l'État, prend les hommes dans ses filets. L'État et le gouvernement, disent les négateurs, sont des choses tout à fait inutiles et n'ont aucune raison d'être. Le moment d'une lutte active contre le gouvernement n'est pas encore arrivé; mais il ne faut cependant pas en subir les lois et les institutions, il ne faut pas payer les impôts.

Le niveau du développement moral et matériel des sectaires, selon le témoignage des gens compétents, est bien supérieur à celui du reste de la population. Les sectaires sont sobres, vigoureux et toujours bien vêtus; leurs femmes sont actives, gaies, bonnes ménagères.

En raison du petit nombre d'écoles dans les campagnes russes et de la pauvreté qui y règne, les sectaires offrent un élément plus élevé au point de vue moral, l'instruction, la lecture de l'Évangile et des livres pieux étant obligatoire chez eux, tant pour les hommes que pour les femmes.

En l'absence d'écoles de l'État dans les villages, les sectaires organisent des écoles à leurs frais, souvent clandestinement, à l'insu de la police, qui les persécute.

Ils organisent quelquefois l'enseignement dans des maisons particulières avec le concours des instituteurs voyageurs, qui tous portent leur activité de village en village.

Il ne faut cependant pas se faire trop d'illusion et perdre de vue que les sectaires se développent principalement parmi les paysans, qui en Russie se distinguent par une ignorance absolue. Le niveau intellectuel des sectaires n'est pas très-élevé, par conséquent.

Leur enseignement est fondé sur l'Évangile et l'Ancien Testament. D'autres livres ne pénètrent que rarement jusqu'au peuple; aussi y a-t-il très-peu de sectaires qui connaissent la vie et la civilisation européennes, et qui aient des notions même très-vagues de géographie.

Souvent ils s'élèvent contre toutes les innovations et les perfectionnements techniques; les chemins de fer, par exemple, les machines à vapeur, les télégraphes sont, aux yeux des sectaires, des attributs du royaume de Satan. Il est dit dans l'Écriture qu'un char enflammé apparaîtrait avant la fin du monde; l'Écriture, d'après eux, fait en ce passage allusion aux locomotives, qui, entre les mains de Satan, sont un instrument créé pour dominer les hommes.

Ce n'est cependant pas un phénomène général. La civilisation pénètre plus rapidement, et dans des proportions plus considérables, dans les communautés sectaires que dans le milieu des paysans orthodoxes.

C'est aussi grâce aux sectaires que l'instruction pénètre jusqu'au paysan russe, malgré toutes les persécutions de la police. Nous citerons, à l'appui de cette assertion, le premier fait qui nous tombe sous la main, et qui a été publié dans les journaux. En 1881, dans la ville de Glazov, du gouvernement de Viatka, le prévenu Sokoloff, paysan âgé de soixante ans, était accusé d'être un propagateur du schisme; cette propagande consistait en ce qu'il enseignait aux enfants à lire et à écrire, et qu'il leur apprenait l'Évangile dans sa propre maison.

Ce vieillard s'était voué depuis longtemps à l'instruction du peuple dans une localité éloignée, presque inculte, où il n'existe ni écoles, ni hôpitaux, ni institutions d'aucun genre.

La population de cette localité est sauvage, à moitié idolâtre, et le propagateur du schisme y a été le premier propagateur du christianisme.

Sokoloff enseignait aux adultes et aux enfants la religion, l'amour, la fraternité; il leur apprenait à lire et à écrire.

On le condamna à la prison, parce que son

enseignement n'était pas d'accord avec les dogmes de l'Église et de l'État.

Ordinairement, ces instituteurs sont exilés et leurs écoles sont fermées, à moins que les schismatiques ne parviennent à corrompre la police, ou que le chef de la police ne soit un homme éclairé, indifférent en matière de religion.

Dans la majorité des cas, cependant, la police n'est pas de force à lutter contre la propagande du schisme, et outre les instituteurs et les prédicateurs, il se répand dans le peuple une masse de brochures qui prêchent la régénération morale de l'homme, une vie nouvelle, la fraternité, le salut de l'âme et du corps, et qui expliquent la religion d'une manière tout à fait originale.

Dans les communes schismatiques riches, situées dans des centres administratifs, l'instruction se répand plus facilement.

D'autres livres que des livres religieux y pénètrent, tels que des traités de sociologie, de philosophie, de morale; ces communautés reçoivent beaucoup de journaux et de revues. On rencontre parmi les sectaires des gens qui connaissent bien les tendances philosophiques et sociales des pays civilisés, quoique ces gens ne soient que de simples paysans ou de petits commerçants.

Dans tous les pays éloignés nouvellement conquis par la Russie; dans les régions où le gouvernement n'a encore pas eu le temps de rien organiser, où il se contente de percevoir les impôts et de lever des troupes; dans les endroits incultes de la Sibérie, dans les steppes des Kirguises, les pays sauvages du Caucase, le christianisme ne s'y répand que par l'intermédiaire des communautés sectaires exilées dans toutes ces régions. C'est à ces hérétiques et à ces sectaires que la Russie est redevable de la colonisation et de la russification des pays conquis, et les historiens de la colonisation russe leur rendent pleine et entière justice à ce point de vue.

En un mot, les sectaires sont l'élément le plus sain du peuple russe au point de vue physique et moral, le plus avancé au point de vue intellectuel.

# CHAPITRE XVI



La vie russe offre un champ tout aussi vaste aux recherches du psychiâtre qu'aux méditations du philosophe.

Une société dans laquelle les écrivains les plus remarquables tombent fatalement dans un ascétisme mystico-moral, comme, par exemple, le comte Tolstoï; dans un fanatisme orthodoxe, comme Dostoïevsky; dans un mysticisme panslaviste, comme Aksakoff, — est une société qui a perdu jusqu'à un certain point son équilibre intellectuel et psychique.

On rencontre dans la société russe des transitions rapides du matérialisme le plus terrible au mysticisme sombre, et même au spiritisme. Aujourd'hui les gens instruits s'inclinent devant le paysan, s'en font un idéal, se portent en foule dans les campagnes, afin de partager les travaux et les privations du peuple; demain ils l'abandonnent brusquement pour se livrer avec passion aux conspirations révolutionnaires; plus tard, c'est le tour du chauvinisme slavophile, et tout à coup ils perdent la foi dans l'idéal d'hier, et tombent dans l'apathie, le découragement et le désespoir.

Ces phénomènes sont le résultat de la position exceptionnelle dans laquelle se trouvent les Russes. Le champ de l'activité politique et sociale leur étant fermé, ils se jettent avec énergie sur toutes les idées nouvelles, et tombent d'un extrême dans l'autre.

Mais c'est aussi en partie le résultat de l'influence qu'exerce la masse ignorante, superstitieuse et religieuse sur le petit groupe de gens civilisés.

La tendance au mysticisme et au surnaturel est encore très-puissante en Russie, même dans la société civilisée. Elle s'est surtout manifestée par le succès qu'a obtenu le spiritisme dans les grandes villes, telles que Saint-Pétersbourg, Odessa, Moscou, Kiiev, etc.

Le nombre des sociétés spirites va toujours en augmentant; les tables tournantes, les exorcismes des esprits d'anciens guerriers, de poëtes;

de rois, attirent une foule de curieux. Cet engouement pour le spiritisme a envahi même plusieurs naturalistes et professeurs distingués de Pétersbourg, qui s'adonnent avec passion à l'exorcisme des esprits.

La foi dans le sortilége et le surnaturel règne encore dans toutes les classes de la société russe. On rencontre dans les grandes villes un grand nombre de personnes qui gagnent leur vie en prédisant l'avenir, en s'occupant de chiromancie.

Un correspondant nous raconte que dans le gouvernement de Kostroma, une prophétesse, simple paysanne, jouit d'une grande popularité. Tous les habitants des villes et des villages voisins ont pour elle le respect le plus profond, et ne commencent jamais une entreprise avant de l'avoir consultée.

Des jeunes gens, des jeunes filles, des vieillards, des fonctionnaires, des paysans viennent de tout côté pour apprendre le sort qui les attend, lui demandent son concours pour trouver un moyen de se faire aimer d'une personne dont on est amoureux.

Les journaux racontaient tout dernièrement encore qu'un chiromancien jouissait d'une grande réputation dans la ville de Novgorod.

C'était un ancien officier de ublans, qui guérissait les hystériques en chassant le démon dont elles étaient possédées.

Non-seulement les paysans, mais les personnes appartenant à la classe aisée, ajoutaient foi aux sorcelleries de ce magicien, qui, au moyen de paroles et de signes cabalistiques, guérissait les paralytiques, les fous, les ivrognes, les femmes dépravées.

Nous ne nous arrêterons pas sur le succès qu'ont obtenu dans la société civilisée russe les loges maçonniques et le mysticisme piétiste au commencement du dix-neuvième siècle, parce que c'est un phénomène exotique venu de l'Occident. Notre but est de montrer l'influence du mysticisme et du fanatisme populaire sur la société civilisée.

Ainsi les archives des tribunaux nous montrent qu'au milieu du dix-neuvième siècle, des princes, des dames nobles, des officiers, des fonctionnaires, de simples serfs se joignaient à la secte des christs et des skoptsy. Les maisons des aristocrates les plus influents étaient ouvertes aux apôtres de ces sectes mystiques. Des familles nobles, telles que les princes Mechtchersky, les Golovine, les Chérémétieff, etc., protégeaient les skoptsy, se laissaient entraîner par leur enseignement, leurs rites, construisaient des chapelles, menaient la propagande et donnaient asile à une foule de fanatiques. Des personnes appartenant à toutes les classes de la société prenaient part à ces réunions des sectaires qui s'y adonnaient à des danses effrénées, accompagnées de sanglots hystériques et de contorsions.

Le groupe le plus fanatique et le plus barbare de la secte des christs, les skoptsy, a trouvé des prosélytes même dans ces derniers temps parmi les riches marchands de Pétersbourg, de Moscou et d'autres grandes villes. Les noms des marchands Plotitsyne, Solodovnikoff, Koudrine, sont devenus célèbres à cause de leurs relations avec les skoptsy.

En dehors des skoptsy, toute une série de sectes mystiques a eu beaucoup de succès en Russie, parmi les propriétaires, la classe des marchands, les employés d'administration. Telle fut, par exemple, la secte du colonel Doubovits qui se répandit vers 1850 dans les hautes sphères de la société, et qui prêchait la mortification de la chair; telle fut aussi, plus tard, la secte des apôtres de la fin du monde, prêchant que les derniers jours étaient arrivés; puis enfin la secte de lord Redstok, et beaucoup d'autres.

L'enseignement qui eut cependant le plus de succès dans la haute société fut celui des adeptes de Redstok, connus sous le nom de pachkovtsy; cet enseignement est entièrement emprunté au piétisme de l'Europe occidentale. Les premiers adeptes de lord Redstok étaient des personnes appartenant à la plus haute société de Pétersbourg. On peut citer toute une série de familles aristocratiques qui ont rompu toute relation avec l'Église de l'État, et qui se sont adonnées à l'enseignement mystique de Redstok.

La religion de Redstok passa de Pétersbourg à Moscou, et de là se répandit en province.

L'un des adeptes les plus enthousiastes et les plus actifs de lord Redstok est Pachkoff, un Russe très-haut placé, tant par sa naissance que par son immense fortune. Tout à son extase religieuse, il abandonna la vie mondaine, et se voua à la tâche de réveiller le sentiment religieux et moral du peuple.

Il organisa avec son maître, le prédicateur anglais lord Redstok, des conférences religieuses dans sa maison à Pétersbourg, destinées à tous ceux qui étaient désireux d'apprendre à connaître « la vraie foi et à chercher le salut ».

Des personnes appartenant aux différentes classes de la société se portaient en foule à ses conférences, où Pachkoff lui-même, et quelquefois un autre prédicateur, enseignait au public la manière « de trouver le Christ ». Cet enseignement présente très-peu d'intérêt, et les adeptes ressemblent beaucoup à des illuminés. Il est fondé sur la foi absolue en la divinité de l'Évangile, dont chaque parole renferme la sagesse divine.

L'homme doit acquérir la foi dans la sainteté et la divinité de ce livre, et, en s'absorbant dans des méditations pieuses, arriver à un tel état d'inspiration qu'il finira par connaître la Divinité. Une fois que l'homme a senti par toutes les fibres de son être la présence d'un Dieu vivant autour de lui, et qu'il a cru en lui, il a sauvé par cela même son âme, et a obtenu le salut.

Ni les œuvres pies ni une vie morale ne peuvent sauver l'homme, s'il n'a pas senti la Divinité vivante, s'il n'a pas cru en elle; tandis qu'il suffit de sentir la Divinité pour être sauvé, même sans mener une vie morale et sans faire la charité.

Il est clair que cette religion est tout à fait une religion aristocratique, capable de justifier l'égoïsme le plus parfait, et qui n'introduit dans la vie aucun nouveau principe social. Elle peut bien être d'accord avec le quiétisme et l'indifférence la plus complète pour toutes les choses environnantes.

Néanmoins, Pachkoff et ses adeptes se sont distingués jusqu'à présent par une propagande très-active, par une bienfaisance très-large. Ils pénètrent dans de pauvres cabanes, chez des mendiants, dans des villages éloignés, et prêchent partout la parole de Dieu.

Des milliers d'exemplaires de l'Évangile en langue russe sont distribués par eux aux pauvres, dans tous les coins de la Russie.

Ils pénètrent aussi dans les prisons et font des conférences aux prisonniers de toute catégorie, les exhortant à croire à la parole de Dieu, à apprendre à connaître le Christ et à gagner le salut.

A l'époque des grands procès politiques, lorsque les prisons étaient pleines de nihilistes, Pachkoff en personne fréquentait les détenus, cherchait à les consoler, leur distribuait l'Évangile; il offrait un asile dans sa maison à tous ceux qui étaient mis en liberté.

Les nihilistes l'envisageaient comme un original bon et sympathique, mais ne se convertissaient naturellement pas à sa religion, et ne pouvaient « ni comprendre ni toucher du doigt son Dieu ».

Une fortune immense permet à Pachkoff et à ses adeptes de faire la charité sur une échelle très-large, et en effet ils donnent des secours d'argent considérables à tous ceux qui manifestent un certain désir de se joindre à leur religion.

Non contents de prêcher parmi la population indigente, les pachkovtsy se sont proposé d'attirer les différentes variétés de sectes russes, et, pour cela, ils se sont mis à mener une propagande active parmi les stundistes, les molokany, les chalapoutes, espérant y trouver un sol favorable à leur enseignement mystique.

Dans ce but, ils ont noué des relations avec les représentants les plus distingués de ces sectes, entre autres avec Soutaïeff, à qui ils ont envoyé un très-grand nombre de leurs brochures. Mais les pachkovtsy ne pouvaient trouver de sympathie pour leur enseignement chez Soutaïeff, qui basait sa religion sur l'amour, l'égalité, et qui repoussait tout ce qui lui paraissait incompréhensible et mystique. Il se souleva avec énergie contre la doctrine qui met le salut dans la foi seule.

C'est dans les œuvres pies, dans l'organisation de la vie en commun, dans l'amour et la fraternité, leur répondit le moujik Soutaïeff, qu'il faut chercher le salut.

Ces relations des pachkovtsy avec les schismatiques suspects au gouvernement attirèrent l'attention des autorités, et les chefs de la secte, Pachkoff et le baron Korf, furent exilés. Pachkoff se trouve actuellement à Londres, et tout dernièrement encore il faisait des conférences religieuses au Grand-Hôtel, à Paris.

Mais l'enseignement de Pachkoff, grâce à son caractère exclusivement religieux et à l'absence de toute tendance sociale et réformatrice, n'a eu de succès que dans l'aristocratie, et chez les habitants les plus indigents de la capitale et des autres grandes villes.

Le mysticisme pur, sans caractère social, sans réformes des relations humaines, n'est pas du goût de l'homme russe.

L'enseignement du comte Léon Tolstoï, basé sur la critique de la société actuelle, sur l'amour et la fraternité, a trouvé une sympathie bien plus grande dans la société russe.

Je doute qu'il y ait au monde un autre pays où le paysan, tout en étant misérable, ignorant et opprimé comme il l'est en Russie, soit aussi respecté et honoré par la société instruite et les gens de lettres. Voilà plus de vingt ans que les revues périodiques russes sont remplies d'articles sur le paysan, sa vie, ses mœurs, sa morale, son idéal, etc.

La moitié des œuvres littéraires s'occupent de la description des différents types que présente le peuple russe. Elles vantent ses qualités morales, son idéal philosophique et social, ainsi que son idéal de la famille, en citant le paysan comme exemple aux gens instruits.

« Les classes instruites se sont éloignées de la bonne voie et vont à la perdition, assure une grande partie de la presse. Le seul moyen de salut, c'est de revenir au peuple, de l'imiter, de lui prendre son idéal moral. »

Dans le feu de cet engouement pour le peuple, cette partie de la presse s'est mise à affirmer que nous devions renoncer à tout ce qui nous a été donné par la civilisation bourgeoise artificielle, nous instruire chez le paysan et l'imiter en tout.

Il s'est formé toute une armée de « noblesse repentante », qui avait honte de son origine et de l'exploitation séculaire à laquelle ses ancêtres avaient soumis le paysan, et qui croyait de son devoir de renoncer à tous ses priviléges et de se réunir aux paysans.

C'est alors que des jeunes gens, des fils et des filles de familles nobles et riches, abandonnèrent leurs familles, les écoles, les universités, se vêtirent d'habits de paysans, et s'en allèrent au milieu du peuple pour vivre et travailler comme vit et travaille le paysan, apprendre à connaître chez lui la vérité et la morale, et lui enseigner les moyens de sortir de sa misère et de son oppression.

Ce pèlerinage dura deux ans, et se termina par une désillusion complète sur les qualités idéales du peuple, et par la perte pour la société de plusieurs milliers de jeunes gens.

Dans la littérature, cependant, cet engouement pour le peuple n'a pas disparu; il s'est formé même tout un parti littéraire qui engageait les classes civilisées à revenir aux traditions du peuple. Ne se distinguant des slavophiles que par son indifférence pour l'Église orthodoxe, ce parti s'est mis à caresser l'idée d'un gouvernement populaire avec un tsar populaire à la tête, repoussant tout ce qui vient de l'Occident, et la science, et l'industrie, et même la forme représentative du gouvernement, comme étant contraires aux sentiments populaires.

Tout ce qui est le résultat de la civilisation est mauvais et inutile; tout ce qui vient du peuple, de ses croyances, de sa morale, de son expérience, doit être nécessairement bon et moral. Sans parler du slavophile Aksakoff, cette doctrine s'est emparée des esprits d'écrivains aussi distingués que Dostoïevsky et Léon Tolstoï.

Cette admiration pour tout ce qui vient du peuple, et ce mépris pour la civilisation, sont surtout marqués chez ce dernier. Que faut-il considérer comme un bien-être réel? se demande le comte Tolstoï. L'éclairage au gaz, la propagation de l'imprimerie, le pavage, etc...? ou bien les richesses primitives de la nature : la forêt, le gibier, le poisson, un grand développement des forces physiques, la pureté des mœurs?

Le comte Tolstoï affirme que les télégraphes, l'imprimerie, les voies ferrées, les bateaux, les machines, ne servent qu'à satisfaire les goûts des classes inoccupées de la société, mais que toutes ces inventions ne garantissent en aucune manière le bien-être du peuple; au contraire, étant avantageuses aux classes aisées, elles sont nuisibles aux intérêts du peuple.

Pourquoi le peuple, qui forme les neuf dixièmes de la population, est-il indifférent ou même ennemi de tous les bienfaits de la civilisation ?

C'est, répond le comte Tolstoï, parce que les bienfaits de la civilisation ne sont pas du tout des bienfaits pour le peuple; ils ne le touchent d'aucune manière, ou bien lui font plutôt du tort.

Le comte Tolstoï affirme que les œuvres de Tourguéneff, de Pouchkine et d'autres classiques sont inconnues au peuple, et même lui sont inutiles.

La littérature, dit-il, est une des variétés de l'exploitation du peuple, et une variété très-habile même.

Les exigences du peuple pour l'art sont plus logiques et plus intelligentes que les exigences de la minorité des soi-disant classes instruites.

Les œuvres comme celles de Beethoven et de Pouchkine ne valent pas la chanson d'Ivan le sommelier (chanson populaire), ou bien la mélodie de la chanson « Le long de la Volga ».

Une image représentant le diable dans une bouteille évoquera chez le peuple des sentiments plus élevés que la Vénus de Milo, qui ne lui inspirera qu'un sentiment de dégoût, à cause de sa nudité, etc...

Tout cela se dit non pas pour montrer le degré d'infériorité du développement du peuple, non, au contraire; le comte Tolstoï ajoute immédiatement après : « Le petit paysan Fedka sait à peine lire, mais il manifeste un tel sentiment artistique auquel ne peut atteindre même Gœthe, malgré tout son génie. »

Dans ses contes, Léon Tolstoï est arrivé à se moquer complétement de tout travail intellectuel et de toute civilisation.

Cette adoration devant les perfections du paysan a nécessairement amené l'idée de l'imiter : vivre comme vit le paysan, penser comme lui, avoir la même foi que lui, chercher le salut comme il le cherche.

L'absence de toute activité politique et sociale chez les Russes les pousse à diriger toutes leurs forces sur le travail moral intérieur, sur la critique de soi-même et de la vie environnante, sur la recherche de la vérité sociale et morale.

Chez les uns, cette recherche de la vérité se manifeste par la propagande révolutionnaire; chez les autres, par la propagande du perfectionnement moral, de l'amour, et par l'absence de toute opposition au mal. Les bonnes œuvres, la soumission et les sacrifices, voilà les meilleurs moyens pour forcer les méchants à devenir bons.

En 1874 et 1875, lorsque la propagande socialiste était le plus active, une nouvelle secte apparut dans la jeunesse révolutionnaire russe ; ses adeptes reçurent le nom de « hommes-dieux ». Le point de départ de cette secte était une protestation contre la violence, qui est la base de toute propagande sociale révolutionnaire.

« Ce n'est pas par la violence, mais par l'amour et le respect de l'homme, que le monde peut être sauvé. » Mais comment forcer les hommes à reconnaître à chacun un droit égal au bonheur, à la liberté et à d'autres bienfaits de ce monde ? Pour résoudre cette question, il a fallu avoir recours à un élément surnaturel. L'humanité, enseignaient les nouveaux sectaires du milieu nihiliste, est depuis son origine en quête de la Divinité, la plaçant tantôt au ciel, tantôt sur la terre, la logeant tantôt dans un animal, tantôt dans un autre, ou dans une plante, ou bien dans chaque atome de l'atmosphère.

En réalité, cependant, Dieu se trouve dans nous-mêmes. Chaque homme est Dieu, et il porte en lui-même l'idéal de perfectionnement.

Cet élément divin est dissimulé sous une couche épaisse d'imperfections créées par les conditions sociales et historiques. L'homme doit chercher à rompre cette cuirasse d'imperfections et à découvrir en lui l'élément divin ; il doit trouver Dieu au fond de lui-même.

Ayant reconnu Dieu en lui-même, il le reconnaîtra aussi chez les autres hommes, et se comportera envers eux comme envers des égaux. Le problème consiste donc à persuader aux hommes qu'il n'y a pas d'autre Dieu que celui qui est au fond de leur cœur ; que chacun doit trouver ce Dieu qui forme la base de son être.

Une fois que tous les hommes reconnaîtront ce Dieu, ils s'aimeront et se respecteront les uns les autres, et personne n'aura l'idée d'empiéter sur la liberté de son prochain.

Chaque homme étant Dieu, toute violence envers un homme devient un péché et un crime. De là, là théorie de n'opposer aucune résistance au mal, de s'en éloigner passivement.

Le régime actuel étant fondé sur l'absence d'égalité et sur le mensonge, il faut éviter d'y prendre une part active, éviter le service militaire, les fonctions sociales, refuser de payer les impôts, prêcher ouvertement, avec courage, sa croyance, cherchant à attirer de son côté et les citoyens et les gendarmes, et les juges et les sé-

nateurs, et l'Empereur même. On peut persuader et vaincre tout le monde par les paroles
d'amour et de vérité. Tous ceux parmi les
jeunes socialistes dont la nature se révoltait
contre les conspirations, contre la ruse, le mensonge et le mystère, inévitables dans toute activité révolutionnaire, s'attachèrent avec enthousiasme à cet enseignement qui les débarrassait
des péripéties de la lutte et de la violence, et qui
offrait la perspective d'une propagande paisible
d'apôtre. Le fondateur de cette religion fut un
certain Malikoff.

Plusieurs personnes, hommes et femmes, s'en-
thousiasmèrent pour cet enseignement et se
mirent à faire une propagande active de la nouvelle croyance, à tout le monde, sans en excep-
ter les gendarmes et les juges.

Un succès médiocre et les persécutions de la
police forcèrent les hommes-dieux les plus énergiques à quitter la Russie ; ils se rendirent en
Amérique, où ils organisèrent une commune religieuse, fondée sur les principes de la nouvelle
croyance.

Le lecteur n'aura certainement pas manqué
d'observer que cette secte d' « hommes-dieux »,
qui a pris naissance au milieu de la jeunesse in-

struite, ne se distingue ni par ses données philosophiques ni par ses idées sur la morale, d'une quantité de sectes qui ont pris naissance dans le milieu campagnard décrites plus haut, comme nous l'avons déjà fait remarquer. Le moujik en impose à la société instruite, en Russie, il l'écrase, la force à imiter sa philosophie, à suivre son exemple.

Tout ce qu'enseignent les hommes-dieux, on peut le trouver en partie chez les négateurs, en partie chez les chalapoutes, chez les stundistes, chez Soutaïeff. Le même fonds moral : la recherche de la vérité et de la justice, la même recherche d'un talisman philosophique qui puisse éloigner tous les malheurs sociaux, la même idée de sacrifice, le même désir de donner sa vie pour la vérité, pour ses frères...

Il en est de même dans la nouvelle religion du comte Léon Tolstoï, qui a un succès bien plus grand, en partie grâce au prestige qu'exerce le nom du célèbre romancier, en partie aussi parce que la Russie traverse actuellement une époque très-agitée, et que le Russe ne peut rien trouver de mieux à faire que de se plonger dans la piété et le mysticisme.

Le comte Tolstoï est un sectaire assiégé par

des doutes, en quête de vérité et de bonheur, comme nous en avons rencontré beaucoup dans le peuple russe.

Admirateur chaleureux du peuple, le comte n'a pu s'affranchir de l'influence écrasante de la masse populaire.

Comme tout sectaire du peuple, le comte Tolstoï, élevé dans la religion de l'Église orthodoxe, s'est mis à douter de l'infaillibilité de cette religion, et à la critiquer.

« J'ai commencé à éprouver quelque chose d'étrange, écrit-il dans sa confession. J'avais des moments de doute, d'arrêt de la vie. Je ne savais comment il fallait vivre, ce qu'il fallait faire. Je me perdais dans des conjectures. Je tombais dans l'abattement... Ces moments de découragement se répétaient de plus en plus fréquemment... J'étais assiégé par les questions : A quoi bon la vie ? A quoi aboutit-elle ? »

Il devenait de plus en plus évident au comte Tolstoï que la vie était une chose insensée. Lui, un homme heureux et bien portant, sentit tout à coup qu'il ne pouvait plus vivre... L'idée d'en finir par le suicide s'emparait de lui par moments. Il ne savait lui-même ce qu'il voulait; il s'est mis à avoir peur de la vie, à vouloir s'en défaire, et pourtant il attendait toujours quelque chose de cette même vie.

Pourquoi vivre ? se demandait-il. Pourquoi désirer quelque chose ? Pourquoi s'occuper de quelque chose ? Il n'y a pas à se faire d'illusion : tout n'est que vanité. Heureux celui qui n'est pas venu au monde. La mort est préférable à la vie ; il faut s'en défaire. Le désespoir luttait chez lui avec la soif de la vie, de l'activité et du bien. Le doute succédait au désir de croire, de trouver une foi qui pût lui donner des réponses à toutes les questions qui le tourmentaient, réponses qui ne fussent pas en désaccord avec la vie.

L'Église officielle ne le satisfaisait pas, à cause de l'étrangeté de ses dogmes et du formalisme de ses cérémonies ; de plus, elle approuvait les persécutions, les guerres ; elle mettait les cérémonies et le formalisme au-dessus de l'esprit de l'enseignement du Christ.

Il voulait croire, il étudia toutes les religions, y cherchant la vérité de la vie et la consolation ; comme les sectaires du peuple, il s'adressait aux croyants, aux savants, aux théologistes orthodoxes. Il les interrogeait sur le sens qu'ils donnaient à la vie, et il finit par se persuader qu'ils n'avaient pas trouvé ce sens de la vie, que leur foi n'était pas la vraie foi, que leur vie était en désaccord complet avec cette foi.

« Je me rapprochais alors, dit Tolstoï, des croyants venus du peuple, des gens ignorants, des pèlerins, des moines, des schismatiques, des paysans, et je me persuadais de plus en plus qu'ils avaient la vraie foi, que cette foi était en harmonie chez eux avec leur vie, et expliquait cette dernière.

« J'aimais ces gens, et plus j'apprenais à connaître leur vie, pleine d'un dévouement paisible, plus je sentais moi-même le fardeau de la vie diminuer... Il se fit un changement en moi. La vie des hommes de ma société, des gens riches, des savants, devint intolérable pour moi. Toutes nos actions, toute notre science, nos discussions me parurent un vain passe-temps. »

Il renia cette société et arriva à la conclusion que le problème de la vie humaine consistait dans le salut de son âme; pour cela il faut renier toutes les joies de ce monde, travailler comme un simple ouvrier, être humble, patient et charitable.

Pendant cette période de recherche de la vérité et de salut, et de ces discussions avec différents hommes pieux, le comte Tolstoï rencontra le sectaire Soutaïeff, qui produisit sur lui une impression profonde et l'affermit définitivement dans la nouvelle voie qu'il avait choisie. La phrase naïve de Soutaïeff assurant qu'il suffisait aux riches de prendre les pauvres et les affamés chez eux, de les nourrir, de leur donner de l'ouvrage, de leur apprendre à travailler pour faire disparaître la misère et les souffrances de ce monde, fut une révélation pour le comte Tolstoï.

Plus instruit et plus intelligent que Soutaïeff, il formula sa théorie sociale et créa tout un Évangile : Vis en paix avec tous, et ne te permets pas de considérer ton prochain comme plus mauvais que toi. Tous les hommes sont frères; ils ne doivent, sous aucun prétexte, violer la paix qui règne entre eux. Ne vous vengez pas, ne rendez pas le mal pour le mal, ne faites de tort à personne. De là découle l'enseignement de la non-résistance au mal. Ne résistez pas au mal, ne jugez personne, ne tuez pas : tout ceci ne mène à rien de bon, et ne fait que créer encore plus de mal. Il est indispensable de supprimer les tribunaux, l'armée, les prisons. La loi du monde, c'est la lutte pour l'existence; la loi du Christ, c'est le sacrifice de son existence à son prochain. Il n'y a donc aucune nécessité de guerre et de tribunaux. Ni les Turcs, ni les Allemands, ni les autres peuples ne nous attaqueront, si nous nous bornons à leur faire du bien; les voleurs, les brigands et les autres criminels disparaîtront d'eux-mêmes, si nous les nourrissons, leur trouvons de l'ouvrage et leur apprenons à connaître la vérité.

Le bonheur et la pureté ne sont possibles que dans l'amour fraternel, dans l'union de tous les hommes, dans le retour à la simple vie communale. Il faut quitter les villes, débarrasser le peuple de l'exploitation des fabriques, retourner dans les campagnes et y travailler avec ses propres mains : l'idéal de chaque homme est de pourvoir lui-même à tous ses besoins.

Il faut, dit le comte Tolstoï, s'affranchir de la servitude de l'argent... Il suffit que l'homme n'achète rien, ne loue rien, qu'il ne méprise aucun travail, qu'il satisfasse à tous ses besoins lui-même, et donne aux autres tout le superflu. C'est de cette manière que la paix, l'harmonie et le bonheur pourront régner sur la terre.

Le lecteur qui a lu la description des sectes de paysans s'apercevra que l'homme de génie, l'homme riche et instruit, le comte Léon Tolstoï, n'a rien dit dans les solutions des problèmes de morale et de sociologie que les paysans sectaires stundistes, doukhobory, négateurs, soutaïevtsy, n'eussent déjà dit. Son enseignement porte une empreinte profonde de morale populaire et de philosophie populaire. Cela est d'autant plus important que l'enseignement du comte Tolstoï a trouvé beaucoup d'adeptes dans la société instruite russe, surtout parmi la jeunesse des deux sexes.

Cette circonstance nous donne un certain droit d'admettre que l'évolution morale et sociale que traverse actuellement la société russe peut se terminer par un bouleversement profond de toutes les bases de la vie, mais que ce bouleversement aura un caractère plutôt *religieux*, socialiste, que politique, et que les faibles tendances politiques de la minorité instruite probablement seront noyées et perdues dans le flot religieux de la masse des paysans.

FIN.

# TABLE DES MATIÈRES

## CHAPITRE XIV



## CHAPITRE XV



## CHAPITRE XVI



FIN DE LA TABLE DES MATIÈRES.

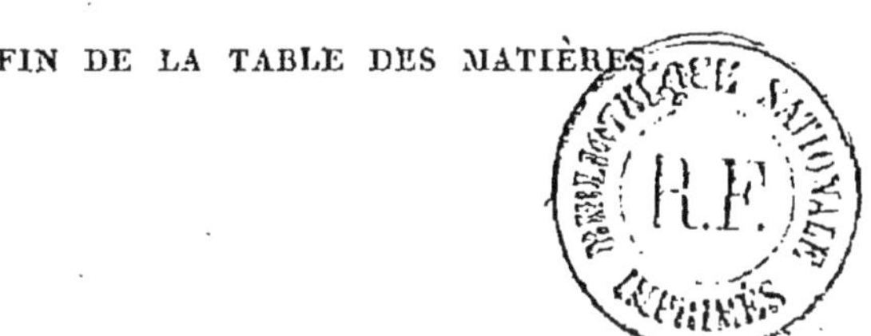